AF243261

LIGUE FRANÇAISE POUR LE RELÈVEMENT
DE LA MORALITÉ PUBLIQUE

LA

FEMME ESCLAVE

CONFÉRENCE

PAR T. FALLOT

SECRÉTAIRE GÉNÉRAL DE LA LIGUE FRANÇAISE POUR LE RELÈVEMENT
DE LA MORALITÉ PUBLIQUE

PARIS
LIBRAIRIE FISCHBACHER
(Société anonyme)
33, Rue de Seine, 33
1884

LIGUE FRANÇAISE POUR LE RELÈVEMENT
DE LA MORALITÉ PUBLIQUE

LA
FEMME ESCLAVE

CONFÉRENCE

PAR T. FALLOT

SECRÉTAIRE GÉNÉRAL DE LA LIGUE FRANÇAISE POUR LE RELÈVEMENT
DE LA MORALITÉ PUBLIQUE

PARIS
LIBRAIRIE FISCHBACHER
(Société anonyme)
33, Rue de Seine, 33
1884

Le Comité central de la Ligue Française pour le Relèvement de la Moralité publique croit devoir publier dans le Compte rendu annuel des travaux de la Ligue la conférence que son secrétaire général a eu l'occasion de donner à Paris et dans plusieurs autres villes.

Tout en n'assumant en aucune façon la responsabilité des opinions émises par le conférencier sur maintes questions qui ne se rattachent qu'incidemment à la lutte engagée par la Ligue, le Comité estime que ce discours résume, aussi fidèlement qu'une œuvre personnelle peut le faire, les principes de la Ligue, la pensée qui inspire ses efforts et le but qu'elle poursuit.

Le Comité central.

LA FEMME ESCLAVE

CONFÉRENCE

Par T. FALLOT,

SECRÉTAIRE GÉNÉRAL DE LA LIGUE FRANÇAISE POUR LE RELÈVEMENT
DE LA MORALITÉ PUBLIQUE.

MES CHERS CONCITOYENS,

C'est la cause de la justice que je viens servir au milieu
de vous; c'est votre sympathie en faveur des plus malheureuses victimes de notre état social que j'aimerais conqué-
rir. La question à l'étude de laquelle nous vous convions
n'est autre chose que la question sociale sous sa forme la
plus douloureuse.

En effet, derrière la réglementation du vice, c'est la
prostitution elle-même que nous attaquons; et comme la
prostitution n'est autre chose que la résultante du désordre
actuel — j'espère vous en fournir la démonstration —
c'est ce fonds d'iniquités morales, économiques, juri-
diques dont nous vivons, ou plutôt, dont nous mourons
qu'il s'agit de mettre en lumière. Impossible, en effet, de
guérir le mal, si nous ne commençons par le regarder en
face.

Et c'est parce que nous avons conscience de la grandeur
de la tâche qui nous incombe, que nous ne nous laissons
abattre ni par la mauvaise volonté des uns, ni par le dédain
des autres. Oh! nous savons parfaitement les railleries

auxquelles nous sommes en butte. On nous a appelés les avocats des prostituées, s'imaginant qu'on nous couvrait de boue en nous jetant à la face cette épithète-là.

Eh bien! je le déclare hautement, j'accepte, pour ma part, ce titre et je m'en fais gloire. Que dis-je? je ne demande qu'à m'en rendre digne, et cela parce que ma plus chère ambition est de me conduire en serviteur intelligent de la démocratie et en serviteur dévoué de l'humanité. Or, voici ce que je sais : c'est qu'une démocratie n'a d'autre raison d'être que le soin jaloux dont elle entoure chacun de ses membres et que c'est au souci que lui inspirent non pas les existences fortes, riches, honorées, qui se défendent elles-mêmes, mais les plus misérables et les plus compromises, qu'on reconnaît si elle est à la hauteur de sa mission.

Dans les sociétés du passé on disait : « Ce n'est qu'un paysan, ce n'est qu'un ouvrier », ou bien encore : « ce n'est qu'un pauvre, ce n'est qu'une femme perdue. » Nous n'avons plus le droit, nous, de parler ainsi : C'est précisément à notre attitude à l'égard des plus petits et des plus délaissés qu'on mesure l'intelligence que nous avons des droits sacrés de la vie.

Toutefois, ne l'oublions pas, ce n'est pas seulement la cause des petits qui est en jeu ici, mais la cause de toutes les femmes. Aussi longtemps que la société tolère qu'on traite ainsi certaines femmes, elle prouve qu'elle ne comprend en aucune façon le respect dû à la femme en général.

Qu'on ne s'y trompe pas, *c'est la question de la femme, de l'éducation de la femme, de la situation faite à la femme par la loi et par les mœurs que nous soulevons*, et cette question prime toutes les autres, car elle contient en germe tout notre avenir moral et social.

La femme est la grande victime de la société actuelle, et pour cette raison même elle en est devenue la pire corruptrice. Chaque iniquité, en effet, est une cause permanente de corruption.

De plus, ne l'oubliez pas, c'est la femme qui imprime à la société sa véritable physionomie. Jamais les femmes esclaves n'eurent pour fils des hommes libres. Si vous voulez préparer l'avènement d'hommes libres, créez des femmes capables de liberté et entourez-les de toutes les garanties qui la leur assureront.

Vous le voyez, notre sujet est infiniment plus vaste que vous ne pouviez le croire au premier abord : c'est la question sociale dans son intime relation avec la question morale.

Ma tâche est rude — votre bienveillance m'en facilitera l'accomplissement.

Nous étudierons tout d'abord la genèse de la prostitution; nous verrons comment une femme devient une prostituée; nous nous efforcerons d'établir la part de responsabilité qui incombe à chacun. Nous déterminerons à *qui la faute.*

Nous observerons ensuite le caractère que revêt en France la pratique de la prostitution; nous analyserons les motifs qu'invoque la société pour condamner la femme qui tombe, *aux travaux forcés de l'infamie à perpétuité.* Les réformes immédiates et les réformes plus lointaines que réclame un pareil état de choses s'imposeront comme conclusion à notre attention.

I

A QUI LA FAUTE ?

C'est à une lugubre promenade que je vous invite : on pourrait l'intituler une promenade dans les égouts; nous allons descendre dans les cloaques sur lesquels repose une société aux apparences si brillantes ; nous allons pénétrer dans ces bas-fonds de la misère et du vice qu'on appelle la prostitution et où s'agitent des milliers de créatures que nous rencontrons chaque jour dans nos rues.

Plusieurs routes y conduisent. Les malheureuses qui se coudoient dans la fange y arrivent des *situations sociales les plus diverses*.

Je relève dans une statistique fournie par le docteur Mireur, de Marseille, des détails très significatifs. (1)

Le docteur Mireur a dressé un tableau indiquant les professions exercées par les pères des prostituées inscrites au bureau des mœurs de Marseille pendant l'espace de dix ans. Les professions sociales les plus élevées se rencontrent avec les plus humbles : on y trouve pêle-mêle des filles d'avocats, d'ingénieurs, d'officiers, d'officiers de marine, de juges de paix, de professeurs, de rentiers, à côté de filles d'artisans, d'ouvriers et de paysans.

Toutes les classes fournissent leur contingent. C'est là un premier fait qu'il ne faut pas oublier.

Il y a, toutefois, de notables différences à signaler ; l'immense majorité des prostituées se recrute dans les professions les plus pénibles, c'est-à-dire dans celles où les jeunes filles sont exposées aux tentations de l'isolement et aux suggestions de la misère : tandis que nous ne trouvons, sur 3,854 filles inscrites, que 7 institutrices ou gouvernantes,

---

(1) *La Prostitution à Marseille*, par le docteur H. MIREUR, p. 171.
Je ne saurais trop recommander la lecture de cet ouvrage. Malgré toutes les réserves que je dois faire quant aux conclusions, je tiens à dire le respect que m'inspire l'honorable docteur Mireur. Il faut être un homme de cœur et un bon citoyen pour écrire un semblable livre.

nous rencontrons 516 servantes, 105 couturières et une multitude d'autres ouvrières. (1)

Il serait souverainement inique de porter sur toutes ces malheureuses le même jugement : quelques-unes sont peut-être bien coupables, d'autres assurément de pauvres victimes. Étudions-les, en les groupant, pour plus de clarté, de manière à former une gamme ascendante : au bas les plus coupables, au haut celles qui le sont si peu qu'on serait injuste en les accusant.

Je commence par les plus coupables. Quand nous nous plaignons du sort que la société fait à la prostituée, on nous répond que nous sommes des naïfs et que si nous pouvions, comme les médecins ou les hommes de police, voir ce monde-là de près, nous garderions notre pitié pour en faire un meilleur usage. Et on nous dépeint tout cet ensemble de goûts dépravés, d'appétits désordonnés, de cynisme honteux et d'idiotisme sans bornes qui fait le fond d'une femme perdue. « Et ce sont ces brutes-là que vous plaignez ! » s'écrie-t-on.

Que ces malheureuses, que beaucoup d'entre elles soient devenues ce que vous dites, nous le savons tout aussi bien que vous ; mais ce que nous affirmons, c'est que ces femmes ne sont pas devenues d'un seul coup les monstruosités morales que vous dépeignez : elles ne sont tombées si bas que peu à peu, sous la pression de circonstances qu'il s'agit de déterminer, afin de voir quelle est leur part de responsabilité.

Non, certes, elles ne sont pas descendues d'un seul bond dans la boue, et rien n'est plus superficiel que la notion courante qui en fait *des êtres à part.*

---

(1) *La Prostitution à Marseille,* p. 176.

Un des esprits les plus brillants de notre époque, Alexandre Dumas fils, a classé les femmes en trois catégories : la femme du sanctuaire, celle du foyer et celle de la boue. Il y a là une glorification de la fatalité que je crois complétement erronée.

Oh! je ne le sais que trop, il y a des enfants qui naissent dans la fange; leur berceau, qui partout ailleurs eût été enveloppé de pureté, de cordialité et d'affection, est entouré d'immondices; mais je nie que ces malheureuses eussent été créées pour la boue, et je sais que plusieurs, avant de se laisser maîtriser par les circonstances, livreront un violent combat. Et, du reste, s'il y a d'infortunées enfants que leurs mères élèvent pour le vice, est-ce une raison pour que la société les abandonne à leur atroce destinée? ne devrait-elle pas, coûte que coûte, se substituer à des parents infâmes?

J'ajoute qu'à part ces cas faciles à déterminer, si vous pouviez interroger les prostituées, vous verriez que la grande masse a débuté dans la vie comme la plupart des jeunes filles que vous connaissez. Elles ont goûté toutes les joies innocentes du premier âge, les allégresses de l'enfance; on les a aimées à cause du charme qu'elles répandaient autour d'elles — personne n'eût jamais dit les hontes vers lesquelles elles s'avançaient : un accident est survenu, ou bien une iniquité dont elles ont été accablées, et peu à peu tout a changé.

J'ai garde d'exagérer : je ne songe pas à nier que parmi les jeunes filles qui s'égarent, plusieurs ne tombent victimes d'instincts vicieux dont elles ont subi secrètement et depuis longtemps l'influence. Je reconnais qu'il y a des jeunes filles que rien, en apparence, ne contraint au mal et qui pourtant s'y laissent choir.

Je me souviens d'une malheureuse enfant qui m'écrivait :

« Les pensées mauvaises m'obsèdent, j'envie les femmes que je rencontre, le soir, sur le trottoir; il me semble que j'y descendrai. » Elle n'y est pas descendue, mais j'ai beaucoup craint pour elle. Dans ce cas on ne pouvait évidemment plaider les circonstances atténuantes qu'on invoque d'ordinaire. Il n'y avait là ni l'excuse de la misère, ni celle de la séduction; simplement *un état morbide* — au physique comme au moral — perversion de l'imagination, avec tous les phénomènes physiologiques qui vont de pair. On avait donc le droit, en cette circonstance, de parler de responsabilité et de culpabilité.

Néanmoins, j'affirme que *la responsabilité*, même dans un pareil cas, *est plus apparente que réelle*. A coup sûr, la malheureuse enfant qui s'est abandonnée aux mauvaises pensées et qui a surexcité de mille manières son système nerveux, n'est pas seule coupable : que dis-je? elle est infiniment moins coupable que son entourage. Si elle va jusqu'au bout dans le mal, à qui la faute? sinon aux parents, qui devaient prévoir, surveiller, réagir; à qui la faute encore? sinon à la société, qui prodigue l'instruction et commence à peine à songer à l'éducation — à l'éducation, dont la grande affaire doit être le développement des caractères, l'enseignement et la pratique de l'hygiène morale et physique, de cette médecine préventive du corps et de l'âme, tout aussi importante que la médecine curative?

Vous dites : « *Si elles sont dans la boue, c'est qu'elles l'ont bien voulu.* » Pardon, si leur volonté mauvaise s'est développée avec cette intensité-là, c'est le milieu où elles ont vécu qui en est avant tout la cause. Si on avait su agir, elles ne seraient pas tombées. Et la preuve, la preuve claire et évidente, c'est qu'il y a autour de nous, dans vos familles peut-être, bien des jeunes filles qui ont tous les mauvais instincts auxquels je fais allusion et qui deviendront, je l'espère, d'honorables mères de famille : Pourquoi ? parce qu'elles ont eu le bonheur de naître dans des familles aisées, en sorte qu'une foule de tentations extérieures leur sont épargnées, et puis, parce qu'elles ont eu le privilége inappréciable d'être suivies, réprimandées, encouragées, par des mères pleines de sollicitude, qui ont lutté sans trève ni repos contre ces dispositions dangereuses et ont réussi, sinon à les déraciner, du moins à en affaiblir considérablement la puissance.

J'affirme donc que *la mauvaise éducation est ici la grande coupable :* elle a développé les principes malsains qu'elle eût dû réprimer. L'éducation est, en effet, une affaire si capitale qu'elle suffit, à elle seule, si elle est négligée ou mal dirigée, pour perdre une jeune fille.

Je dis : si elle est négligée. Je fais allusion à l'une des questions les plus douloureuses de notre époque. Règle générale : Chez les travailleurs l'éducation est regardée comme une jouissance de luxe qu'on n'a pas le droit de s'accorder ; et j'ajoute : il ne peut en être autrement. Que voyons-nous, en effet, dans nos grands centres industriels, sinon la vie de famille absolument désorganisée par le labeur excessif du père et par le travail de la mère à l'atelier. Ceux qui ont sans cesse à la bouche les droits sacrés de la famille feraient bien d'y songer. Il y a des milliers d'ouvriers qui sont privés du droit au foyer. Ils ont un gîte — ils n'ont pas de foyer. Ils n'ont pas de foyer, parce que c'est la présence de la femme et de sa douce influence qui fait le foyer. Là où la femme est contrainte de partir le matin pour revenir tard dans la soirée, les conditions essentielles de la vie de famille font défaut.

Les enfants privés de la surveillance maternelle sont livrés à tous les hasards de la rue : ils voient ce qu'ils ne devraient pas voir, entendent ce qu'ils ne devraient pas entendre. Pauvres enfants! les oiseaux du ciel ont des nids bien chauds; pour eux, ils ne possèdent qu'un intérieur froid et désolé. La mère y rentre harassée, le soir, pour préparer à la hâte le maigre repas; le père revient fatigué, puis ressort bientôt après, de mauvaise humeur.

Certes, les cabarets sont une des plaies sociales les plus graves, mais on ne pourra réagir efficacement contre le cabaret qu'après avoir rendu possible au travailleur un intérieur ordonné et confortable.

Enlevons donc la femme à l'atelier, pour qu'elle exerce au milieu des siens le rôle d'éducatrice et de consolatrice auquel toutes ses aptitudes la convient; abrégeons, enfin, les heures de travail du père, afin qu'il dispose de quelques moments pour s'occuper de ses enfants, car c'est à cette condition que nous jetterons les bases d'une éducation vraiment efficace.

A cette question si grave du travail de la femme à l'atelier et du labeur exagéré de l'homme vient s'ajouter, dans nos grandes villes, *la question du logement.*

J'ai parlé de tout ce que la petite fille voit et entend dans la rue. Et au foyer! Quand on connaît les misérables réduits que l'ouvrier loue à des prix fabuleux, comment s'étonner si la pudeur est absente, si l'enfant assiste à des conversations et est témoin de faits qui flétrissent et pervertissent sa jeune imagination.

Hélas! tout ici est à faire! Si nous voulons empêcher nos jeunes filles de tomber lourdement, victimes d'une éducation pleine de lacunes, il s'agit de tout mettre en œuvre pour assurer à l'ouvrier les éléments matériels les plus essentiels de la vie de famille.

En attendant, travailleurs qui m'écoutez, ne reculez devant aucun effort individuel pour procurer malgré tout à vos enfants ces soins vigilants que tout semble vous interdire de leur donner. Je crois aux miracles de l'amour paternel et maternel. Jusqu'à ce que les lois et les institutions changent — et elles changeront — acceptez de beaucoup souffrir pour préserver l'honneur de vos filles.

J'ai parlé d'éducations négligées et *d'éducations mal dirigées*, et ici je vise ce qui se passe dans les classes aisées.

Étudiez les statistiques, et vous verrez que le monde du vice se recrute en partie parmi les jeunes filles dont les parents ont été ruinés après avoir joui d'une bonne position. Dans ces familles on a voulu faire comme tout le monde, et c'est pour cela qu'on a tout fait de travers — on s'est appliqué à donner aux enfants un vernis de toutes les sciences sans aucune connaissance solide : on a tout sacrifié à l'apparence, et ces demoiselles ont acquis *l'art suprême de paraître*, de jeter de la poudre aux yeux : un désastre financier est venu mettre un terme à leurs succès faciles. Il s'agit maintenant de vivre et pour vivre il faut de l'argent. Que feront-elles ? Travailler de leurs mains ou de leur tête ? mais elles en sont absolument incapables : Coudre, faire la cuisine, quelle horreur ! Modiste ? vous n'y pensez pas ; institutrice ? encore moins. Mais, enfin, il faut vivre ; on ira donc d'un expédient à l'autre. Condamné à végéter dans je ne sais quel parasitisme de mauvais aloi, on battra monnaie avec ses petits talents de société, et, la paresse, la frivolité, la gourmandise aidant, on acceptera ce qu'on ne devrait pas accepter ; puis, finalement, de peur de déchoir dans le travail, on glissera dans la boue.

Ici encore, à qui la faute, je vous prie, sinon, avant tout, aux parents et à la société qui entourait ces jeunes filles et qui, au lieu de leur faire honte de leur oisiveté, les a excitées à se complaire dans leur rôle de poupées à la mode ?

Nous venons de passer en revue le contingent des plus coupables. Nous y avons trouvé une certaine proportion de filles malades qu'on n'a rien fait pour guérir, un plus grand nombre de malheureuses, victimes de leur déplorable éducation. Vous le voyez, les excuses ne leur font pas défaut.

J'arrive maintenant à la catégorie très considérable des femmes qui font le métier d'infamie, *poussées*, entendez-le bien, *poussées par l'exiguité de leur gain, par l'abandon ou la complète misère.*

Ici la statistique nous donne de précieuses indications. Impossible de récuser en pareille matière l'autorité de Parent du Chatelet. Son ouvrage a été écrit, il y a bien des années; raison de plus pour ne pas se défier de ses résultats. Tous les économistes reconnaissent, en effet, qu'il y a eu un réel avilissement dans les salaires pour la plupart des travaux féminins un peu grossiers. La misère joue, à l'heure actuelle, un rôle plus considérable qu'à l'époque où Parent du Chatelet se livrait à ses instructives et douloureuses recherches. Les chiffres restent donc au-dessous de la réalité.

Sur 5,183 femmes inscrites au bureau des mœurs de Paris, il en note 1,441 qui avaient été poussées à la prostitution par l'excès de la misère ou le dénuement le plus absolu; 89 pour soutenir des parents infirmes ou élever une famille : total, 1,530, soit 29 1/2 p. 100, un peu moins du tiers. N'oubliez pas ce chiffre, honnêtes gens qui m'écoutez; n'oubliez pas ce chiffre quand on s'avisera de dire devant vous qu'après tout, ces femmes-là ont le sort qu'elles méritent.

I. — Je commence ma triste revue par les *demoiselles de magasin.* Il semble, à première vue, qu'on commet une exagération en parlant, à leur sujet, de misère complète ou de dénuement absolu. Leur situation, toutefois, est bien digne de pitié.

Voici le fait qu'on me contait l'autre jour : Une dame qui s'intéressait à une jeune fille va demander pour elle une place dans un magasin : « Mademoiselle est-elle jolie ? » demande le patron. — « Pourquoi cela ? » — « Oh ! c'est « bien simple : parce que, dans ce cas, je lui donnerais « moins ; sa jolie figure ferait le reste. »

Ne criez pas à l'exagération ; je pourrais vous citer bien des exemples de ce genre. Il y a des négociants qui font grand bruit de leur honorabilité et qui donnent aux jeunes filles qu'ils emploient le salaire le plus dérisoire, et, si elles se plaignent, ils leur répondent qu'elles sont libres de neuf heures du soir à huit heures du matin.

Un acheteur étranger parlait affaires dernièrement avec le chef d'un de nos grands magasins. Passe une jeune fille simplement vêtue. Le patron l'interpelle : « Je vous ai interdit, Mademoiselle, de venir ici dans cette tenue. Habillez-vous mieux. » — « Dans ce cas, payez-moi mieux », répond la jeune fille. — « Je n'y songe pas ! Vous êtes libre du soir au matin : arrangez-vous ! » — L'étranger, stupéfait, est venu raconter cette conversation à un de mes amis. Pour moi, de ce côté-là, rien ne m'étonne plus. Mais voici ce que je me demande : du grossier souteneur que l'on coudoie, le soir, sur le trottoir et dont on s'écarte avec dégoût, ou de ce notable commerçant qui trafique froidement de l'honneur des jeunes filles qu'il emploie, lequel est le plus méprisable ?

Il est évident que les pauvres enfants dont je parle ne descendent pas d'un seul coup jusque dans la boue. On forme tout d'abord un ménage irrégulier, puis un autre ; les choix se succèdent, la beauté s'en va, un accident survient, la lassitude, la paresse prend le dessus, et le patron déclare, avec des airs scandalisés, qu'il lui est impossible de tolérer une pareille conduite : « A la porte! » — A la porte, c'est-à-dire dans la rue; elle y reste.

II. — *Les servantes* fournissent un contingent considérable au personnel du vice. A Marseille, le docteur Mireur note 516 servantes sur 3,854 prostituées.

Ce sont généralement des filles de la campagne venues en ville pour plus facilement gagner leur vie, parfois aussi pour cacher une première faute.

Chacun connaît la situation difficile faite, à Paris, aux servantes. Grâce à l'organisation déplorable de nos logements, toute la domesticité de la maison est reléguée pêle-mêle aux mansardes. Songez aux dangers que prépare la promiscuité qui règne là-haut. Chacun se plaint de la démoralisation des servantes. Comment voulez-vous qu'il en soit autrement? Supposez une jeune fille qui arrive honnête et naïve. Qu'entend-elle dans sa mansarde? car elle aura beau faire, elle ne réussira pas à fermer sa porte aux filles déjà corrompues qui l'entourent et qui brûlent du désir de se faire ses institutrices bénévoles. Et s'il n'y avait encore que des femmes là-haut! mais c'est là que couchent également les domestiques hommes, les garçons boulangers, pâtissiers, etc., dont la boutique occupe le rez-de-chaussée.

Le logement assigné aux servantes tend à en faire, bon gré, mal gré, des débauchées : Qu'elles sortent, et les fournisseurs ne négligeront rien pour en faire des voleuses.

Malheur à elles, enfin, si les fils de la maison sont légers et s'ils ont appris que la fille du peuple est une chose dont on peut user et abuser!... Je n'insiste pas.

Survient une faute. Le drame commence. Oh! ne souriez

pas : j'en connais peu d'aussi tragiques que ceux qui se déroulent là-haut, dans ces sixièmes !

Tout lui dit qu'elle va devenir mère ! Il faut, coûte que coûte, cacher la chose : il s'agit, en tous cas, de la cacher le plus longtemps possible. Un mot, un geste qui la trahisse, et elle sera chassée. Oui, certes, il y a des maisons profondément respectables, humaines au plus haut sens du mot, où l'on a pitié, et où l'on dit : « Restez, nous ne vous abandonnerons pas. » Mais, par le temps de frivolité qui règne, ces maisons sont rares, les cœurs deviennent toujours plus secs, et ce sont les maîtres qui ont le plus besoin d'indulgence pour eux-mêmes qui sont le plus impitoyables.

Elle sait tout cela, la malheureuse ; elle gardera donc son secret, elle jouera la comédie de la santé alors que les douleurs la déchirent — et pourtant son secret l'écrase, elle est anéantie par l'immense solitude qui l'enveloppe. « Mais le père de l'enfant, dira-t-on, le vrai, le grand coupable ? » — Oh ! il y a longtemps qu'il a disparu, celui-là ! Dès qu'il a entrevu la moindre responsabilité se dessiner à l'horizon, il s'est esquivé. L'étrange usage que nous faisons des mots : C'est sans doute parce que l'homme se décharge de tous les fardeaux qu'il devrait porter sur les fragiles épaules de la femme, qu'il s'appelle le sexe fort ; et c'est sans doute aussi parce qu'il fuit chaque responsabilité encourue par lui, qu'il parle de la femme comme d'un être irresponsable !

L'iniquité des mots exprime à merveille la criante iniquité des institutions.

J'assistais dernièrement à la discussion que le Sénat consacrait à la *Recherche de la paternité*. Ce projet de loi avait eu la chance d'être présenté par une poignée d'honnêtes gens appartenant aux divers groupes de droite et de gauche; mais il avait eu le don d'irriter au plus haut degré les nerfs de nos législateurs. Ils cachaient derrière leur attitude gouailleuse, leurs chuchottements persistants, leur parti pris de ne pas écouter, la sourde exaspération où les jetaient des débats aussi intempestifs. « Le Sénat s'abaisse en s'occupant de pareilles misères », déclarait le lourd doctrinaire, qui parle toujours principes et n'a souci que de ses appétits. « Le Sénat se compromet », soupirait l'hypocrite, qui se sentait, lui, étrangement compromis. « Le Sénat est absurde », ricanait le cynique. « Où en serait-on, vraiment, si un honnête homme ne pouvait plus, en toute sécurité, se payer une bonne fortune ! » « Je ne crois pas au roman des filles séduites », clamait, à son tour, un sénateur revêtu d'une des plus hautes fonctions dans la magistrature. (1) Et la coalition des viveurs de droite et des viveurs de gauche se préparait à faire prompte et bonne justice des naïves revendications apportées à la tribune par quelques hommes de cœur.

C'était, ne l'oubliez pas, l'honneur des femmes de France, la dignité de la fille du peuple que nos législateurs traitaient avec une telle désinvolture. Et ces gens-là s'imaginent être les gardiens de la loi, comme si la loi ne devait pas être le rempart derrière lequel s'abrite et se développe la liberté du plus humble et du plus petit. Ils se disent

___

(1) C'est le même homme qui, en sa qualité de garde des sceaux, prônait jadis, à la Chambre des députés, *la liberté de fait dont l'homme jouit dans le mariage.* La présence d'un personnage qui professe de pareilles doctrines, à la tête de la Cour suprême, est une insulte permanente, faite à toutes les femmes de France, riches ou pauvres. Un peuple qui aurait souci de la dignité de la femme ne tolérerait pas vingt-quatre heures un pareil scandale. Chez nous, la femme ne compte pas : les naïfs seuls s'inquiètent de la situation qui lui est faite.

les serviteurs de la Justice; mais en rejetant avec un tel dédain ce projet de loi, les sénateurs ont montré l'indifférence profonde qui les anime à l'égard des misérables et des opprimés; ils se sont tout simplement conduits en avocats et en courtisans de la débauche publique.

Du reste, qu'ils se le tiennent pour dit, ce n'est que partie remise. Nous saurons agiter l'opinion publique jusqu'à ce que les plus cyniques prennent peur, et puisque la peur est le commencement de la sagesse pour ces gens-là, ils comprendront alors la loi qu'exige la dignité de nos filles.

Excusez cette digression. Mon sujet m'y a entraîné. Vous lisez bien souvent dans les journaux un fait divers ainsi conçu : « Un infanticide a été commis telle rue, tel numéro. » Cela vous laisse absolument froid; que sont pourtant tous les drames dont le spectacle vous fait larmoyer au théâtre comparés à celui-là ?

« Il faut être un monstre, dites-vous, pour accomplir un tel acte. » Vous ne parleriez pas ainsi si vous aviez vu tout cela de près. Non, certes, ce n'était pas un monstre, cette enfant timide et douce, à laquelle, il y a quelque temps, j'avais aidé à trouver une place et dont on est venu me dire : « Vous savez, cette jeune fille de la campagne, « elle a eu un enfant, elle l'a tué et puis s'est sauvée. » Mais je connaissais sa famille! sa grand'mère, une ouvrière vaillante entre toutes ; sa mère, triste et courageuse. Que de convulsions de désespoir n'a-t-il pas fallu pour faire de cette craintive enfant une criminelle!

Songez-y, femmes honnêtes qui m'écoutez, la maternité qui vous rend si fières, qui vous enveloppe de respect, qui vous procure, avec bien des soucis, les plus ravissantes joies, la maternité leur apparaît, à ces malheureuses, comme l'opprobre suprême, comme la misère hideuse, .

comme l'isolement implacable, et alors, au milieu de leurs fiévreuses et solitaires hallucinations, elles ne voient plus que deux issues : tuer ou se tuer! Se tuer, se jeter à la Seine, elle y a songé; puis, elle a reculé en frissonnant de peur; l'eau froide et sombre l'a épouvantée. Elle est revenue chez elle; elle s'est dit : j'attendrai. Et à mesure qu'elle attendait, la colère l'a prise; il lui semblait qu'elle le tuerait, car elle le haïssait, lui, l'enfant qui allait venir et qui était la cause de son malheur... Mais pourquoi le haïr? pauvre innocent, était-ce sa faute, à lui? mais alors elle n'oserait pas même le pleurer! Ont-ils de la chance, les riches, les honnêtes... Hier un cercueil d'enfant passait dans la rue; le drap blanc de l'innocence le couvrait, et les fleurs l'encadraient. La mère suivait en pleurant. Heureuse mère! Elle avait eu, elle, le droit d'aimer son enfant, le droit de le soigner, et maintenant elle avait le droit de le pleurer!

Pauvre fille! Je frémis en pensant à toutes celles dont le sort se décide aujourd'hui, et je me demande quand le jour de la pitié sonnera pour elles, je me demande quand des lois s'édicteront, quand des institutions surgiront pour les protéger, car jusque là elles n'ont guère que le choix entre le suicide ou le crime, ou bien encore le trottoir et la fange.

III. — Je termine par les *ouvrières;* il y aurait beaucoup à dire : tout m'oblige à une extrême brièveté.

Au reste, les documents ne manquent pas : il y a les auteurs modérés qui s'efforcent d'atténuer le mal, tout en étant contraints de le constater : Jules Simon (1), Leroy-Beaulieu (2). Il y a la belle monographie, pleine de savoir

---

(1) *L'Ouvrière.*
(2) *Le Travail des Femmes au dix-neuvième siècle.*

et de cœur, de Mme de Barrau, sur le salaire des femmes à Paris. (1) Il y a, enfin, de très utiles données dans les procès-verbaux du Congrès ouvrier tenu à Paris en 1876.

Je pose en fait, avec l'expérience que me donnent plusieurs années passées dans les ateliers et toute une vie d'intimité profonde avec les ouvriers, que partout où le travail de la femme dépend de la bonne volonté de l'homme, patron ou contre-maître, la corruption est fatale. Il y a des exceptions, d'honorables exceptions, mais elles sont infiniment plus rares qu'on ne serait tenté de le croire. Il faut avoir vécu dans ce monde-là pour savoir ce qui s'y passe. J'ai séjourné dans une contrée industrielle de l'Allemagne, où chaque atelier servait de harem au patron, aux directeurs et aux contre-maîtres. Je connais dans le Nord de la France des villes où le vieux droit attribué jadis — à tort ou à raison — aux seigneurs, fonctionne, étendu, aggravé, et cela de la façon la plus ouverte. Et qu'on ne s'avise pas de rejeter la faute uniquement sur le patron. Le contre-maître est, en général, plus coupable encore. Chose triste à dire, c'est cet homme issu des entrailles mêmes du peuple qui est le continuel agent de démoralisation. Au reste, l'ouvrier lui-même s'y emploie activement! l'ouvrier se fait un jeu de pervertir la jeune fille qui travaille près de lui. Et voilà pourquoi les travailleurs qui énumèrent dans leurs réunions les abus de toute sorte dont ils ont à se plaindre ne disent jamais rien du plus terrible grief qu'ils pourraient faire valoir et passent sous silence la situation faite à leurs filles. Ils se taisent parce qu'ils sentent, hélas! qu'ils n'ont pas le droit de parler; car s'ils s'avisaient de s'attaquer au patron, de s'attaquer

____

(1) *Actes du Congrès de Genève 1875, de la Fédération britannique et continentale*

au contre-maître qui corrompent leurs filles, ceux-ci leur répondraient : « Ne dites rien, vous faites exactement comme nous. »

Travailleurs, laissez-moi le dire bien haut, nous ne serons forts pour défendre l'honneur de nos enfants — et il est vraiment temps d'y songer — que le jour où nous nous ferons une loi sacrée de témoigner nous-mêmes à toutes les femmes et à toutes les jeunes filles que nous rencontrons le respect qui leur est dû. Aussi longtemps que nous partagerons à cet égard la cynique et grossière indifférence des classes aisées, nous n'aurons vraiment pas le droit de nous élever contre elles.

A quoi bon insister? Tant que le gagne-pain de la femme dépendra de l'arbitraire de l'homme, la dignité de l'ouvrière sera un vain mot et nos ateliers resteront *les corridors des maisons de prostitution.*

Aux désastreuses influences que nous avons indiquées, ajoutons, pour être justes, les déplorables exemples que les ouvrières se donnent les unes aux autres. Combien d'ateliers qui sont une *école mutuelle du vice!* Bien des parents frémiraient s'ils se doutaient des conversations honteuses auxquelles s'habituent leurs enfants. A Paris, l'apprentissage est une cause permanente de dépravation. Les petites filles de treize ans discutent couramment des détails obscènes dont vous et moi n'avons aucune idée. Leur imagination enfantine se pourrit au récit continuel des aventures galantes que leur font les ouvrières plus âgées. « Sur trente ouvrières qui travaillions ensemble, « nous disait, l'autre jour, une jeune fille, nous n'étions « que deux qui n'avions pas *quelqu'un.* »

Quelqu'un — le premier débauché venu — oh! si vous saviez le rôle qu'il joue dans ces jeunes cerveaux! Quelqu'un qui fasse des cadeaux, quelqu'un qui donne des

des billets de théâtre, quelqu'un qui paye de quoi éblouir les camarades! Aller seule son chemin! — Malheureuse, tu n'y songes pas! Toutes t'écraseraient de leur mépris.

Si jamais vous rencontrez une jeune ouvrière dont on vous dise qu'elle travaille à l'atelier depuis plusieurs années et qu'elle est restée fière et honnête, découvrez-vous, c'est une vaillante, celle-là. Il en existe, mais elles sont rares.

Puis, à côté des conversations d'atelier, il y a l'initiation par la lecture, le feuilleton du journal à un sou, le roman acheté par livraisons. Personne ne respecte plus que moi l'œuvre d'émancipation à laquelle est appelée la presse populaire; je la veux libre, libre sans restriction aucune. Mais vraiment la liberté politique n'a rien à faire avec la liberté de l'ordure; au contraire, elle n'a de pire ennemi que la pornographie. Une démocratie qui se complaît aux choses obscènes tombe à l'état de basse démagogie, toute prête à ramper sous la botte d'un César d'aventure. Si nous voulons devenir un peuple d'hommes libres, il nous faut déclarer une guerre à mort à ces productions ignobles qui empoisonnent le jeune homme à l'école, la jeune fille à l'atelier. Il faut que les citoyens s'unissent pour poursuivre sans ménagement ces officines diaboliques qui font colporter leurs publications immondes jusqu'au fond de nos campagnes. Il y a là une grande œuvre de salubrité publique à laquelle nous ne saurions impunément nous soustraire.

Je parlais des dangers qui menacent en particulier la jeune apprentie. La *question de l'apprentissage* s'impose à notre attention, et en parlant ainsi, je me place uniquement au point de vue du développement moral; je n'ai pas le temps aujourd'hui de traiter la question technique. Un homme d'esprit définissait, l'autre jour, l'apprentissage par ces mots : « C'est la période de la vie où l'on n'apprend rien... de bon. » Que de patrons qui usent et abusent de la jeune apprentie. Elle est censée faire des fleurs, nullement! elle fait la cuisine et les commissions de la patronne! A tous les points de vue, les écoles d'apprentissage deviennent indispensables. L'avenir moral et matériel de notre industrie nationale est à ce prix.

En attendant que ces écoles s'organisent, je conjure les parents de bien choisir les maisons où ils placent leurs enfants : il faut que la question de moralité prime pour eux toutes les autres. A quoi bon faire de votre fille une ouvrière qui gagne vite et beaucoup, si, corrompue jusqu'à la moelle, elle vous quitte à la première occasion et se jette dans le désordre : Je vous en conjure, travailleurs, ne négligez rien pour la conserver honnête et digne, afin qu'elle soit la joie de votre foyer et le soutien de vos vieux jours.

J'arrive à la grande et triste martyre de notre société, à *l'ouvrière isolée.* Extrême est la difficulté de l'ouvrière mariée : l'ouvrière isolée, à Paris du moins, ne peut absolument pas nouer les deux bouts. Lisez Jules Simon, je vous prie. Jules Simon est bien modéré : raison de plus pour que nul n'ait le droit de mettre en doute ses conclusions. Et après avoir lu Jules Simon, allez voir vous-mêmes celle dont il redit les indicibles souffrances.

Je l'ai trouvée, au plus fort de l'hiver, dans une mansarde mal fermée, sans poêle; rien qu'une misérable chaufferette au-dessus de laquelle elle cousait en grelottant.

Je l'ai revue à l'hôpital : on l'avait ramassée chez elle, évanouie d'inanition, et quand je la visitai, elle me dit : « Je suis ici comme au paradis! » A l'hôpital comme au paradis, le mot dit tout.

Jules Simon, établissant le budget des recettes de l'ouvrière isolée à Paris, obtient une moyenne de 500 francs par an. Cinq cents francs par an, à Paris! Dans une de vos nuits d'insomnie, Mesdames, faites le calcul : tant pour le logement, tant pour la nourriture, tant pour les vêtements, etc.... Je vous défie d'aboutir.

Vous me direz peut-être que ce budget est établi au taux de 40 sous par jour, en tenant compte des chômages, et que beaucoup d'ouvrières gagnent infiniment plus. Beaucoup, non; un certain nombre, oui. On remarque dans un grand nombre de métiers, les travaux de l'aiguille, par exemple, à côté d'une élévation notable des salaires pour une élite, un avilissement de la main-d'œuvre pour la grande masse. La grande armée des ouvrières qui n'ont d'autre arme que l'aiguille augmente incessamment du trop plein de tous les autres métiers. La concurrence que se font, dans ce domaine-là, les ouvrières est désastreuse ; ajoutez-y la concurrence des prisons et surtout celle des couvents, et vous arriverez à la conviction qu'expriment la plupart des économistes, à savoir que le salaire des femmes, pris dans son ensemble, tend à baisser — et cela au moment où toutes les nécessités de la vie ont enchéri d'une façon prodigieuse.

Ce fait est plein de conséquences navrantes, car il place l'ouvrière isolée en face des alternatives suivantes :

Ou bien se jeter, tête baissée, dans le plus misérable mariage ;

Ou bien se mettre tout simplement en ménage avec un homme grossier qui la nourrira tant bien que mal, quitte à l'abandonner le jour où elle aura un enfant ;

Ou bien, enfin, « descendre dans la rue », c'est-à-dire déchoir dans le vice.

Sinon, si elle s'est jurée à elle-même de rester honnête et fière — et cela arrive, Dieu merci! plus souvent qu'on ne pourrait le supposer — si elle est décidée à tout souffrir plutôt qu'à se déshonorer, elle est contrainte de se laisser mourir doucement de faim. Un peu de pain et de lait forment le fond de sa nourriture habituelle. Heureuse encore si elle les a! Puis, quand elle tombe de misère et d'anémie, elle va se refaire à l'hôpital — comme d'autres vont aux bains de mer — jusqu'au jour où le mal, revenant avec plus de violence, achève de détruire son organisme débilité. Quelquefois le suicide lent et à petit feu dépasse ses forces; il suffit alors de quelques sous de charbon pour en finir d'un seul coup.

Vous le voyez : se laisser mourir ou se laisser choir, le suicide sous ses diverses formes ou l'infamie, voilà l'alternative en face de laquelle se trouve, à la fin du XIXe siècle, en plein Paris, l'ouvrière isolée. Parent du Chatelet parle d'une fille qui vint se faire inscrire comme prostituée, après avoir si longtemps lutté que depuis trois jours elle n'avait rien mangé.

Je lisais dernièrement dans un ouvrage sérieux qu'il y a en moyenne, à Paris, une femme chaque jour qui essaie, je dis qui essaie de se suicider. Chaque jour, une malheureuse qui, effrayée de tant souffrir et, ne pouvant se résoudre à la honte, dit adieu à l'existence.

Oh! je sais qu'on va crier à l'exagération; c'est si facile à l'égoïste lorsqu'il se sent ébranlé par une affirmation qui trouble sa douce quiétude, de recouvrer son calme en disant : « Je ne puis pas le croire! » Eh bien! je vous dénie formellement le droit, entendez-le, de parler ainsi : pour contester la véracité de mes allégations, il faut que vous commenciez par étudier la question. Vous devez l'étudier, femmes aisées, femmes intelligentes : cette question vous concerne, vous, les toutes premières ; et quand vous vous serez livrées à cette étude, vous comprendrez ce que veut dire Jules Simon, lorsqu'il affirme qu'il n'y a peut-être pas un seul des joyaux de la mode et de la fantaisie qui n'ait une sanglante histoire. Et vous, hommes, lorsque vous aurez sérieusement pesé les faits sur lesquels j'appelle votre attention, vous ressentirez peut-être quelque pitié en passant à côté de la prostituée — et à coup sûr vous ne songerez plus à en abuser. Honte à l'homme qui serait capable de coopérer à la dégradation d'une martyre !

Je dis une martyre et je ne retire pas le mot ; je viens, en effet, de vous montrer que *la femme est actuellement victime sur toute la ligne :* victime de l'éducation déplorable qu'elle reçoit, victime du désordre économique, victime de la loi faite par l'homme et pour l'homme, victime des institutions sociales ; je pourrais ajouter : victime avant tout de l'éducation que la société donne à l'homme et des préjugés qu'elle lui inculque.

Ne vous récriez pas ; les mêmes hommes qui ne tarissent pas d'indignation en parlant de la femme tombée vantent hautement leurs bonnes fortunes. En effet, le même acte qui déshonore une femme est un titre d'honneur pour l'homme. L'homme a inventé à son profit *la théorie monstrueuse du vice nécessaire* — nécessaire pour lui, bien entendu ; et après avoir excusé sa faute, il s'en est glorifié.

Du haut en bas de l'échelle sociale règne un préjugé en faveur du débauché. On est réputé un homme parfaitement respectable après avoir brisé l'existence de bien des femmes. Une question de femmes! pure bagatelle... Comme si nos mères n'étaient pas des femmes, comme si nos filles n'étaient pas des femmes!

Et tous, par leur parole ou leur exemple, encouragent le jeune homme dans cette voie et le jettent sur la femme comme sur une proie. Spectacle bien propre à former de jeunes héros : l'homme armé de tous les droits en face de la femme qui n'en possède aucun; l'homme qui sait à l'avance que, quoi qu'il arrive, il esquivera toutes les responsabilités et que toutes les charges s'uniront à accabler la femme. Étrange duel, honteux duel que celui auquel nous préparons nos fils!

Et quand ils ont réussi et quand la femme dont la honte a payé leur bonne fortune élève la voix, nous prenons des airs indignés et nous demandons qu'on soit impitoyable à l'égard de ces créatures-là. Je hais l'hypocrisie... mais celle du faux dévot est peu de chose, comparée à celle du débauché.

Et maintenant dites-moi si j'exagère en affirmant que c'est, après tout, *la société qui fait la prostituée, que la prostituée est la résultante de notre désordre juridique, moral et social.*

A qui la faute? ai-je dit en commençant; je réponds : A la société tout entière dont vous et moi sommes les complices, aussi longtemps que nous ne réagissons pas de toutes nos forces contre ses déplorables errements.

II

DANS LES BAS-FONDS

J'observe maintenant l'attitude qu'adopte la société à l'égard des malheureuses qu'elle a fait glisser dans les bas-fonds de la misère, du désespoir et du vice, et voici le fait que je constate : bien loin de tout mettre en œuvre pour les relever, elle n'a rien trouvé de mieux que de leur dire : « Vous êtes dans la boue, vous y resterez ; il se peut « que j'aie aidé pour ma part à vous exciter au métier « d'infamie. N'importe, il y a des hommes auxquels la « débauche est nécessaire ; il me faut donc des femmes « vouées aux exigences du vice. Je vous tiens, je ne vous « lâcherai plus. »

Voilà en deux mots la pensée maîtresse de la *réglementation du vice* dont nous abordons l'étude. La police... et si je parle de la police, point de malentendus, je la nomme parce que mon sujet me place en présence de ses agissements et non pas, certes, pour le plaisir de l'attaquer. En démocratie, en effet, la police est la servante de l'opinion publique. Si elle commet des erreurs et qu'elle y persévère, la plus grosse part de responsabilité incombe à la société qui laisse faire.

Je ne puis même m'empêcher de trouver un peu ridicules certaines attaques réitérées : « C'est la faute à la police », s'écrie-t-on en toute occasion. Cela me fait vraiment penser à ces maîtresses de maison fort incapables qui ne cessent de s'excuser en rejetant la faute sur leurs domestiques. « Tel maître, tel valet », disait-on jadis. Je traduis librement : « telle société, telle police ». Une société corrompue et qui aime la corruption disposera toujours d'une police faite à son image.

Il est toutefois important, pour le sujet qui nous occupe, de distinguer de la façon la plus nette l'agent habituel de la police, le sergent de ville, par exemple, cet humble et fidèle serviteur de la loi, qui affronte bien des dangers et subit bien des privations pour assurer la paix et la sécurité publique, du policier des mœurs, chargé d'appliquer dans l'ombre des règlements arbitraires et entraîné, pour cette raison même, à commettre les plus graves abus de pouvoir.

Je serai forcé de qualifier sévèrement la besogne que fait ce dernier. Qu'on ne s'imagine toutefois pas que nous aimons nous attaquer aux personnes : c'est aux principes mauvais et non aux hommes qui s'en font les serviteurs éphémères que nous avons juré une guerre à outrance.

Ceci dit, je reviens à mon sujet. La police, se faisant l'écho des plus grossiers préjugés, part de cette affirmation : *Le vice est nécessaire à l'homme.* Elle constate ensuite un fait : *Il y a des prostituées.* Elle ne songe nullement à examiner la justesse de l'affirmation sur laquelle elle échafaude tout son système : la nécessité du vice est un axiome indiscutable pour elle. Elle ne se demande pas davantage pourquoi il y a de par le monde des femmes qui se livrent à la débauche. Toute l'ambition de la police se borne à imaginer un régime qui tolère la pratique du vice en lui imposant certaines limites. Elle ne se propose nullement de le combattre, mais simplement de réprimer les plus grossiers excès auxquels il donne lieu, tout comme les dangers dont il menace la santé publique.

La police déclare bien haut qu'elle laisse aux insensés le soin d'extirper un mal qu'elle estime inévitable; il lui suffit, à elle, de *surveiller* et d'*assainir*. Elle rêve un vice aux allures décentes, réservées, disons le mot, un vice bourgeois, qui ait à cœur de sauver les apparences, et quand elle croit l'avoir rencontré, elle ne sait que faire pour lui témoigner toute l'estime qu'il lui inspire. D'un autre côté, elle s'efforce de mettre la main sur tout le personnel féminin de la débauche, et voici à peu près le langage qu'elle tient à ces malheureuses : « Surtout ne vous ima-
« ginez pas que je veuille m'opposer à votre métier, bien
« au contraire! Je vais vous remettre une carte qui vous
« assurera ma protection; mais à une condition, c'est que
« vous deviendrez *ma chose à moi.* Vous ferez désormais

« ce que je vous dirai, vous stationnerez là où je vous pla-
« cerai, vous provoquerez à la débauche aux heures que
« je vous indiquerai; vous serez, de plus, astreintes à cer-
« taines formalités médicales. Malheur à vous, si vous
« contrevenez à mes ordres! La plus abjecte voleuse est
« jugée par un tribunal : pour vous, c'est autre chose;
« aucun tribunal ne connaîtra votre cause, nul pouvoir
« public ne vous mettra à l'abri de ma vengeance. Vous
« m'appartenez de par le mépris qui vous accable, et moi,
« de par l'autorité que je m'arroge, je vous mets hors la
« loi et vous soumets au régime de mon bon plaisir. »

Vous le voyez, le système de la réglementation établit
du même coup, d'un côté, l'absolue dépendance, disons le
mot, *l'esclavage de la prostituée vis-à-vis de la police*, et
de l'autre, *la libre pratique de la débauche sous la tutelle
de l'administration*, c'est-à-dire une iniquité sociale et une
monstruosité morale.

Oh! je le sais, de reste, ces considérations ne touchent
pas les principaux défenseurs du système. Ils n'ont qu'un
souci, disent-ils, celui de la santé publique. Souci profondément légitime, je le reconnais, pourvu qu'il n'empêche
pas d'autres soucis tout aussi légitimes de se faire valoir.

Les défenseurs du système se recrutent avant tout parmi
les hygiénistes, les médecins spécialistes et les hommes de
police. Après avoir étudié consciencieusement leurs ouvrages, j'ai été profondément étonné du désaccord qui
règne entre eux.

Il y a, en effet, une affirmation qui court les rues. Dès
qu'il s'agit de la question qui nous occupe, chacun de
dire : « A quoi bon discuter? la science a prononcé, tous
les spécialistes déclarent que cela est nécessaire. » Eh!
bien, c'est là une complète erreur, une erreur contre laquelle on ne saurait protester assez haut. La science n'a

nullement prononcé ; elle a même si peu prononcé qu'il y a un nombre considérable de médecins qui ne veulent pas entendre parler de la réglementation. Lisez les pages décisives qu'Herbert Spencer, dans son *Introduction à la Science sociale,* (1) consacre à ce sujet, et vous verrez si j'exagère.

Herbert Spencer, le grand positiviste anglais, n'est pas le premier venu ; ce n'est ni un rêveur, ni un utopiste ; personne n'est plus que lui esclave des faits. Or, il s'appuie, dans les pages indiquées, sur les affirmations des premières autorités médicales anglaises pour attaquer la réglementation. Il y a plus : le Parlement anglais a été saisi de la question. Chacun sait sa compétence et le soin minutieux qu'il apporte aux enquêtes administratives auxquelles il procède. Eh ! bien, le Parlement anglais lui-même s'est prononcé, l'année dernière, après un débat solennel, contre la visite forcée, qui est la clef de voûte de la réglementation.

En France, je le reconnais sans ambage, la majorité des médecins est pour le moment encore favorable au système que nous attaquons, quoique nous comptions dans notre Ligue — il est bon qu'on le sache — un certain nombre de praticiens distingués.

Voici toutefois ce qui me frappe, lorsque j'écoute les spécialistes qui, au milieu de nous, se font les défenseurs de la réglementation : en principe, ils sont tous d'accord. Tous partent, en effet, de cette même prémisse : Le vice est une nécessité pour l'homme; la réglementation est donc indispensable. Ils sont en même temps — notez-le

---

(1) *Introduction à la Science sociale,* par HERBERT SPENCER, p. 89, p. 93.

bien — à peu près unanimes à déclarer que le système suivi jusqu'ici ne vaut rien.

Mireur, dont on ne saurait assez louer la courageuse franchise et les intentions excellentes, parle de *la garantie illusoire* offerte aux débauchés (1); Diday, l'éminent spécialiste lyonnais, confirme l'opinion de Mireur (1). Tous disent : Il faut agir autrement. Il faut prendre d'autres mesures. Lesquelles? Ici le désaccord se manifeste. Impossible de s'entendre.

Et cette divergence de vues ne fait qu'augmenter quand nous mettons les médecins aux prises avec les hommes de police. Les uns et les autres veulent la réglementation; les uns et les autres la déclarent indispensable, mais en se plaçant à des points de vue diamétralement opposés. Le médecin, homme de science, réclame des mesures générales et il entend que la police lui fournisse le moyen d'agir avec suite, avec efficacité. Il se plaint amèrement de ses tergiversations et de ses demi-mesures. La police, à son tour, s'irrite des exigences du médecin. Lecour, le grand apôtre de la prostitution réglementée, Lecour, l'incarnation de l'esprit policier, ne peut s'empêcher d'adresser aux médecins des paroles aigre-douces, tout comme s'ils n'étaient, eux aussi, que de pauvres rêveurs. La police, en effet, ne peut agir dans ce domaine avec suite, parce qu'elle y agit en dehors de la loi. Elle nage là en plein arbitraire et doit, par dessus tout, éviter toute mesure qui pourrait éveiller l'attention. Or, elle causerait

---

(1) *La Prostitution à Marseille,* p. 227.

(2) « *Tous les jours je vois des malheureux infectés dans des mai-* « *sons de premier ordre,* dans des maisons qui, outre la visite offi- « cielle, se paient le luxe supplémentaire d'un médecin particulier, « attaché à l'établissement. »

(Dr Diday, Exposition critique, p. 543.)

infailliblement du bruit et du scandale — ce qu'elle redoute par dessus tout — si elle s'avisait d'appliquer à
toutes les prostituées les règlements qu'elle a conçus dans
sa propre sagesse pour les exécuter selon son bon plaisir.
Vous représentez-vous, par exemple, un agent mettant la
main sur une prostituée de haut étage, qui va au Bois en
équipage et qui a des protecteurs riches et puissants?
Quelle maladresse, et comme ce malheureux la paierait
cher! La police des mœurs sait fort bien qu'elle est condamnée à agir dans l'ombre : pour pouvoir vivre, il faut
qu'elle se fasse oublier. Comme la chauve-souris, ce qu'elle
évite par dessus tout, c'est la lumière.

Mais ce n'est pas seulement pour sauver sa propre existence qu'elle se refuse à faire exécuter le règlement admi-
nistratif avec une rigueur uniforme, c'est aussi pour éviter
tout ce qui pourrait ébranler la prostitution officielle elle-
même, cette institution sur laquelle repose, selon elle,
tout l'édifice social. (1)

En effet, en maniant le règlement avec une sévérité ex-
cessive, la police découragerait le personnel de la prostitution inscrite; or, sa principale préoccupation est d'augmenter le nombre des femmes inscrites et de favoriser le
développement des maisons de débauche, afin de lutter
avec succès contre la concurrence de la prostitution clandestine.

Les hommes de police agiraient donc contre leur propre
intérêt tout aussi bien qu'ils nuiraient à une institution
qui leur est sacrée, entre toutes, s'ils s'avisaient d'écouter
les médecins : « Vous êtes décidément trop exigents,

---

(1) Avant de m'accuser d'exagération, qu'on lise : LECOUR, *La
Prostitution à Paris.* Je connais peu de lecture aussi instructive.

disent-ils à ces derniers, vous nous rendez le métier impossible ! » — Alors, à quoi bon la réglementation ? répondent les médecins, à quoi bon la visite, sinon à tromper le client en le faisant croire à une innocuité qui n'existe pas ? »

Pour ma part, plus j'étudie ce sujet, et plus je me persuade des intentions excellentes qui animent grand nombre de médecins ; mais plus aussi j'acquiers la conviction qu'ils sont ici victimes d'une grosse illusion.

Ils s'imaginent poursuivre le même but que la police et ne voient pas que celle-ci obéit à de tout autres préoccupations.

La police est trop intelligente pour attendre quelque résultat sérieux, au point de vue hygiénique, d'un règlement arbitraire qu'elle se réserve expressément le droit d'exécuter de la façon la plus arbitraire. La santé publique n'est pour elle qu'un prétexte dont elle se sert pour abuser des intentions généreuses des médecins et pour exploiter la naïveté populaire. Ici comme partout ailleurs, la police est uniquement guidée par des instincts de police.

La police est curieuse, et elle doit l'être, à condition, toutefois, d'assigner certaines bornes à sa curiosité. Elle est démangée par le désir de tout savoir, je veux dire de savoir tout ce que les hommes aiment à cacher. Elle trouve donc un immense avantage à rester en relations suivies, intimes même, avec le personnel de la débauche. Dans notre société corrompue, la prostituée va partout, elle s'empare de tous les secrets, elle ouvre toutes les portes, et quand les petits papiers qu'elle a ramassés en jouant en valent la peine, la police tend la main et obtient sans effort aucun les armes qu'elle souhaite.

On s'étonne parfois des scandaleuses palinodies dont nos hommes politiques nous donnent le spectacle. Rien de plus aisé à comprendre. Tant qu'avec je ne sais quel stupide cynisme nous donnerons notre confiance au premier viveur venu, en répétant que la vie privée n'a rien à faire avec la vie publique, nous nous exposerons aux plus douloureuses surprises. Un viveur est de l'argile dont on pétrit les esclaves. Esclave du premier caprice venu, il oubliera son mandat dans l'intimité d'une drôlesse, sans soupçonner, lui, ce pourfendeur de l'arbitraire, derrière la femme galante qui le tient, l'homme de police qui le guette. (1)

S'il s'agit, enfin, de ces bas-fonds où le crime, le vol et la débauche vivent dans une constante promiscuité, songez aux services considérables que peut rendre à l'agent de la sûreté le personnel de la prostitution. Chaque maison publique devient pour l'administration une admirable souricière.

Il y a plus : la police n'a pas encore accepté les conditions de la démocratie : « *Tout au grand jour, tout pour la loi et par la loi.* » Elle souffre de la nostalgie du passé; elle rêve à cet âge d'or du bon plaisir, alors que, s'attribuant le don de l'ubiquité et celui de l'infaillibité, elle était partout, s'occupait de tout, réglait tout, jouait, en un mot, dans toutes les sphères de l'existence, le rôle d'une providence terrestre. A mesure qu'un domaine échappe à sa surveillance, elle est d'autant plus tenace pour conserver les autres. Et c'est pour cela qu'elle résiste avec une telle opiniâtreté à toutes les tentatives que l'on

***

(1) Les inspecteurs sont même employés à surveiller des femmes non prostituées. Une actrice en renom est-elle en commerce de galanterie avec un homme politique, on la fait filer.

(FIAUX, *Rapport au Conseil municipal*, p. 28.)

fait pour la dépouiller du pouvoir discrétionnaire dont elle dispose à l'égard des prostituées.

Ajoutons qu'elle est puissamment soutenue dans sa résistance. *Bien grand est le nombre de ceux qui la condamnent tout haut et la bénissent tout bas.*

Combien de bourgeois qui souhaitent que leurs fils s'amusent, pourvu que les apparences soient sauvegardées et que cela ne les expose à aucun ennui dans la suite. La police des mœurs leur rend, de ce côté-là, des services inappréciables. Elle offre aux familles une assurance contre certaines suites fâcheuses de la débauche. Elle écarte le danger de ces revendications bruyantes que pourrait faire valoir un jour quelque malheureuse aux abois. Il lui suffit d'un mot pour que les victimes se taisent. A l'homme vicieux elle s'efforce de procurer l'irresponsabilité et la sécurité ; au tartufe, cet incognito qui lui est si cher et qui lui permet de faire ce qui lui plaît, tout en conservant les allures austères de la moralité la plus rigoureuse. Elle est, en un mot, l'expression la plus parfaite d'une société corrompue et égoïste, qui entend faire le mal sans jamais subir la conséquence de ses actes. Et c'est là ce qui constitue sa force, et c'est pour cela que, toute pourchassée qu'elle soit par l'indignation publique, elle est encore infiniment puissante. Sa puissance réside dans notre indicible lâcheté.

En attendant, je le répète, je suis intimement persuadé *que la question hygiénique est le moindre des soucis de la police ;* je suis persuadé que les médecins sont dupes de la police, tout comme celle-ci — nous le montrerons plus tard — est dupe des exploiteurs de la débauche.

J'ai la conviction que les hygiénistes n'arriveront à aucun des résultats qu'ils visent, et cela avant tout par le fait des sourdes résistances que la police ne cessera de leur opposer et de l'arbitraire avec lequel elle persistera à agir.

Et maintenant je crois vous en avoir assez dit pour mettre en évidence la fragilité de la base sur laquelle repose tout l'édifice de la réglementation; je crois vous avoir montré que les résultats obtenus jusqu'ici sont très contestables et très contestés et que rien ne nous garantit le succès des nouvelles méthodes que l'on discute sans pouvoir tomber d'accord.

Eh bien! malgré tout ce que je viens de dire, je veux faire à mes adversaires une immense concession; je veux accomplir vis-à-vis d'eux un acte de foi, de foi robuste, et croire qu'ils arriveront par une réglementation mieux conçue à de sérieux résultats hygiéniques. Je veux pour un moment admettre la possibilité de cette maison publique idéale qu'on fait miroiter à notre horizon et dans laquelle on pourra pratiquer le vice sans danger aucun pour la santé publique; que dis-je? je veux aller jusqu'au bout et admettre que la science des médecins arrivera, grâce au concours docile et intelligent de la police, à triompher de la syphilis. Je veux admettre tout cela.

Le tout est maintenant de savoir le prix auquel on nous fera payer cette réglementation modèle et efficace; le tout est de constater les conséquences morales et sociales qu'elle implique.

Je ne puis pas accepter qu'on se cantonne dans la question hygiénique et qu'on s'y enferme sans regarder plus loin. Il importe sans doute que nous digérions bien, que nous dormions bien et que nous ayons de l'appétit; mais il importe certainement aussi que nous vivions en honnêtes gens, que nos foyers soient respectables et respectés, que l'idéal de justice qui hante notre génération se réalise de plus en plus sur la terre.

Chaque bienfait s'achète à un certain prix ; si excellent que soit ce bienfait, on ne se soucie pas de l'acquérir si le prix est trop élevé. Une simple supposition : Si l'on vous disait : « La santé générale exige que vous fassiez le « sacrifice de votre fille », vous répondriez tous : « Périsse « la santé publique plutôt que d'immoler l'honneur et la « joie de mon foyer », et personne vraiment ne songerait à vous blâmer.

J'examine donc aussi brièvement que possible les conséquences du système, *le prix auquel on entend nous procurer les privilèges de la réglementation.*

1. — Je note, comme première conséquence, *l'organisation et le développement des maisons de tolérance.*

Il y a deux sortes de prostituées inscrites à la police : les *isolées* ou *filles en carte* et les *filles de maison*, c'est-à-dire celles qui ont leurs chambres à elles, qui sont dans leurs meubles et celles qui vivent réunies dans des maisons de débauche.

L'ambition bien avouée de tous les administrateurs de police est de concentrer toutes les femmes dans les maisons. En effet, la surveillance y est infiniment plus facile. Lecour est explicite à cet égard. *La prostitution officielle a pour conséquence la maison de tolérance autorisée et surveillée par la police.*

Étudions maintenant l'influence morale de ces maisons réputées indispensables au bon ordre public par une foule d'honnêtes gens. Quand j'examine un système qui ne possède pas mes sympathies instinctives, je l'étudie toujours dans les ouvrages de ses défenseurs.

J'ai donc lu soigneusement Lecour, Jeannel et plusieurs autres.

Eh bien voici ce qu'ils avouent : Ces maisons sont des

écoles de dépravation précoce pour la jeunesse (1); elles forment à une débauche prématurée ceux qui auraient pu échapper au désordre ; on y cultive le vice en serre chaude ; de plus, elles deviennent pour l'homme vicieux *une excitation aux débordements contre nature.*

A Bruxelles, cette ville modèle, celle où le système que nous attaquons a porté tous ses fruits, une enquête récente a mis au jour des faits inouïs. Il y a, il y avait tout au moins, dans certaines maisons de tolérance, des cabinets si bien calfeutrés qu'aucun cri ne pouvait s'en échapper ; et c'est là qu'on offrait aux clients blasés des petites filles de treize ans : des petites filles, parents qui m'écoutez, comme les vôtres et les miennes, qui tombaient victimes de la luxure des classes élevées.

Et l'on viendra nous dire que ces maisons-là sont indispensables au maintien des bonnes mœurs! Que ferait-on de pire, je vous en conjure, si l'on avait résolu de propager l'immoralité, de l'enseigner, de l'inoculer? Chaque fois que vous passez devant ces bastilles du vice, dites vous : « *C'est ici l'institut national où l'on enseigne à tout ve-* « *nant, sous l'égide de l'administration, la dégradation* « *systématique de la femme.* »

Et à ce propos, veuillez l'observer : Rien de plus enfantin que la psychologie des défenseurs du système. On dirait que ces gens-là, à force de vivre au milieu des détails du vice, ont perdu l'intelligence du mal lui-même.

Ils partent tous de cette idée que le vice peut être contrôlé, surveillé, réprimé à volonté; qu'il est possible de

---

(1) C'est une école de scandale où des enfants à peine formés viennent faire apprentissage de la prostitution.

(PARENT DU CHATELET, tome 1, p. 169.)

dire au débauché : « Maintenant c'est bien. Tu t'es suffi-
« samment sali. Arrête-toi! » Les pauvres insensés, qui
parlent de réglementer le vice et qui ignorent l'*abc* des
lois du monde moral! Ils ne savent donc pas que c'est en
ceci qu'on distingue les jouissances normales des jouissances frelatées et malsaines, qu'il est facile de goûter avec
modération les premières, impossible d'user des secondes
sans être contraint d'en abuser. Allez donc déchaîner dans
un cœur la passion du jeu pour dire ensuite au joueur,
quand il ne se possédera plus : « Ne vas pas plus loin. »
Inoculez donc au jeune homme le goût de la boisson, et
puis recommandez-lui de s'enivrer de temps en temps,
sans toutefois devenir un ivrogne! Mais ne comprenez-
vous pas que permettre au vice de se développer, c'est
aider à la formation d'une matière explosible dont les ef-
fets destructeurs sont incalculables. Autant jouer avec de
la dynamite.

Quiconque possède la connaissance la plus élémentaire
de l'âme humaine est stupéfait en constatant la conception
psychologique qui est à la base de la réglementation.

Nos adversaires s'imaginent naïvement que, les appétits
physiques une fois satisfaits, tout est dit : Ils ignorent donc
la perversion de l'imagination que produit la débauche;
ils ignorent que l'instinct a beau être assouvi, le trouble
moral ne fait qu'augmenter. La torpeur envahit l'animal;
l'exaspération succède, dans le cœur de l'homme, à la
jouissance maudite : il est en proie à une inquiétude crois-
sante. Tout l'attire et tout lui répugne. Il lui faut du nouveau, quelque chose qui l'arrache au sentiment de dégoût
dont il est accablé. Le vice terre à terre que vous lui
offrez... il en a usé, il en a abusé, et c'est pour cela qu'il
en est fatigué... il souhaite autre chose; et c'est ainsi qu'il
est, bon gré, mal gré, entraîné vers le vice qui a du moins

l'attrait de la difficulté vaincue, du danger enccuru, que dis-je? de la nature outragée jusqu'au bout.

Je suis absolument convaincu que les attentats à la pudeur sont, avant tout, le fait des clients des maisons de débauche (1) et que ce sont également ces mêmes clients en quête d'aventures, qui attaquent nos femmes et nos filles dans les rues.

Et qu'on vienne encore nous dire que ces maisons-là sont nécessaires, sinon que nos filles ne seraient pas en sécurité! Mais un peu de réflexion, je vous en conjure! Pour avoir le cynisme d'aborder une femme honnête dans la rue, il faut avoir désappris complètement le respect de la femme; et où le désapprend-on, sinon dans ces écoles nationales de dépravation qui éveillent des appétits de toute nature, qu'elles ne réussissent pas à satisfaire. (2)

Et c'est pour cela, soit dit en passant, que la maison de débauche, bien loin d'être une sauvegarde contre la prostitution clandestine, contribue à son développement — car l'offre est toujours provoquée par la demande — et que *les administrateurs qui réclament l'extension des maisons de tolérance pour réprimer la prostitution clandestine ressemblent à des hommes qui prôneraient le développement*

---

(1) Voir la très remarquable brochure du docteur LADAME : *De la Prostitution dans ses rapports avec l'alcoolisme, le crime et la folie.* Neuchâtel, 1881.

(2) Que de choses à ajouter s'il était possible de déchirer les voiles qui cachent certains bas-fonds de la vie conjugale et qui manifestent à quels résultats aboutit une société qui traite la prostitution comme une nécessité. Proudhon dit avec raison : « *La prostitution est la* « *source de l'inimitié entre l'homme et la femme et, par suite, de* « *l'extinction de l'amour, de la dépravation des sens, le principe* « *des jouissances contre nature.* »

(La Pornocratie, p. 217.)

des cabarets pour *lutter contre l'ivrognerie*. Ouvrez, en effet, Lecour, et vous verrez l'indignation bizarre avec laquelle il constate que les établissements organisés sous la surveillance de l'administration sont en défaveur. « On a soif d'aventures! » s'écrie-t-il. A qui la faute, sinon à votre système? Partout où vous organisez la prostitution réglementée, vous préparez à brève échéance le triomphe de la clandestine, c'est-à-dire la ruine même de votre ouvrage. Votre œuvre a le sort de toutes celles que l'iniquité marque de son empreinte : elle se détruit elle-même.

II. — J'ai signalé les conséquences morales de ces pourrissoirs publics ; je note une première iniquité sociale qu'ils impliquent : *la séquestration*.

Une fois qu'une malheureuse est entrée dans cet enfer, il lui devient presque impossible d'en sortir. Il y a tout d'abord un système de dettes grâce auxquelles la maîtresse de maison enchaîne les femmes à leur genre de vie. Dès leur arrivée, elle leur vend, dix fois, vingt fois leur valeur, les vêtements qui leur sont nécessaires ; elle trouve également moyen, sous mille prétextes, de leur soustraire l'argent qu'elles gagnent : bref, le compte de chaque femme est bientôt grevé d'une dette de 5 à 600 francs. Cette dette n'a aucune valeur légale ; n'importe, on s'en sert comme d'un épouvantail. « Si vous vous avisiez de partir, leur dit-on, la police vous poursuivrait comme voleuses. » Chose triste à dire : la police des mœurs se prête parfois à cette odieuse comédie.

Au reste, on a soin de faire en sorte que toute évasion devienne absolument impossible : à la séquestration par la ruse on ajoute la *séquestration matérielle*.

Tous les défenseurs de la réglementation nous taxaient, il y a quelque temps encore, d'exagération ou même de mensonge quand nous parlions des *esclaves blanches*. Depuis la sinistre catastrophe de Marseille, ils n'ont plus le verbe aussi haut. Voici ce qui s'est passé, au mois de février de cette année, à Marseille. J'ajoute que je tiens le récit d'un témoin oculaire :

Il y avait dix femmes dans la maison de tolérance de la rue de la Reynarde. La nuit en question, le dernier client avait quitté l'établissement vers quatre heures et demie du matin. Les femmes déposèrent, suivant leur habitude, leur vêtement d'apparat dans un cabinet de toilette situé au premier et montèrent au troisième, dans les misérables réduits où elles couchent. C'est dans cette pièce du premier que le feu prit; sans doute une allumette ou une cigarette mal éteinte, tombée près des vêtements. Soudain la flamme s'élance en léchant la cage de l'escalier; la maison se remplit de fumée. Réveillées en sursaut, les femmes veulent descendre. L'une d'elles, asphyxiée, se précipite, la tête la première; elle est brûlée vive. Une autre tombe en arrière et n'a que les jambes atteintes. Une troisième, affolée, se jette du haut de l'escalier et se tue en se fracturant le crâne. Les autres, terrifiées, rentrent dans leurs mansardes, s'y enferment et courent à la leurs fenêtres, qui donnaient sur le toit voisin. Mais les fenêtres étaient fermées avec des volets retenus par un système de crochets et de tiges de fer. Quatre femmes s'acharnaient en vain contre cet obstacle lorsque surviennent le maître de la maison et son fils. Ils ont beau pousser tous ensemble, les volets ne cèdent pas; finalement, sous leurs secousses répétées, le petit pan de mur qui encadrait la fenêtre s'écroule et leur livre passage. Réfugiées sur le toit de la maison voisine, ces malheureuses appellent au secours, car plusieurs de leurs compagnes manquent à l'appel. L'alarme est donnée, les pompiers sont prévenus.

Le capitaine accourt à la tête de ses hommes, se précipite à travers les flammes et la fumée. Arrivé au troisième étage, il se heurte contre la porte d'une mansarde, l'enfonce d'un coup d'épaule et trouve devant lui une femme accroupie, agenouillée au pied de son lit, cachant sa tête derrière son bras. Le capitaine court à la fenêtre pour ouvrir le volet; ses efforts sont impuissants. Il se sert de sa hachette; rien n'y fait. Il revient alors en toute hâte vers la femme et veut la charger sur ses épaules. Il la croyait évanouie, mais il s'aperçoit qu'elle est morte. Avec ce coup d'œil rapide que possède un homme habitué au danger, il constate que la malheureuse ne portait pas la moindre trace de brûlure, et, en effet, la flamme n'avait pas encore atteint sa mansarde. Elle n'était pas non plus morte d'asphyxie : le système de fermeture des volets laissait entrer un filet d'air. Ni brûlée, ni asphyxiée, elle avait été, selon l'expression réaliste de notre témoin, *cuite au four*. Supposez qu'elle eût pu ouvrir son volet, rester penchée quelques minutes hors de la fenêtre, le secours arrivait, elle était sauvée. Elle est donc morte, victime du système de séquestration, conséquence fatale de la maison de tolérance.

Et maintenant, si un homme au cœur sec et frivole déclare que la séquestration est une légende, évoquez, je vous prie, le pâle spectre des victimes de la rue de la Reynarde et demandez-lui si, en présence de ce spectacle, il persiste à nier l'esclavage des blanches!

III. — Mais *la police?* allez-vous me dire. Que fait-elle en présence de ces scandales, puisque la réglementation, selon elle, a précisément pour but de réprimer tous les excès? Eh bien! la police — à moins de cas très graves — ferme les yeux et ne peut faire autrement. Il y a là une

série de conséquences fatales auxquelles elle ne réussit
pas à se soustraire. Étudiez Lecour, je vous prie. (1) Il
vous démontrera que la grande plaie actuelle, ce n'est pas
la prostitution elle-même, mais la *prostitution clandestine,*
c'est-à-dire celle qui s'insurge contre la police et persiste
à se dérober à son influence. C'est contre elle que doivent
se concentrer tous les efforts; or, nous dit-il : (2) « Cette
« œuvre si impérieusement nécessaire pour protéger les
« mœurs, l'ordre, la santé publique, devient de jour en
« en jour plus lourde ; elle n'a jamais demandé plus d'é-
« nergie et de mesure en même temps, et, enfin, et, sur-
« tout, *elle est impossible à accomplir si l'on n'a pas le*
« *concours moral de tous les honnêtes gens.* » Le concours
moral, vous l'entendez, de *tous les honnêtes gens !*

Voici, d'un autre côté, un passage qui nous montre
l'idée que notre auteur se fait de la moralité : (3) « *Au*
« *contact de passage qui, dans la maison de tolérance ou*
« *chez la fille isolée, n'est qu'une espèce de souillure ma-*
« *térielle dont l'administration s'efforce d'atténuer le dan-*
« *ger,* on préfère quelque rencontre de hasard, où l'on
« croit pouvoir jouer, à peu de frais, un meilleur rôle, et
« l'on se jette dans les bras toujours tendus de la prosti-
« tution clandestine qu'infecte la contagion syphilitique. »

---

(1) J'insiste. Cette étude est indispensable pour comprendre la
question. M. Lecour m'a tout l'air honnête : Rien de plus dangereux
pour un système inique, que d'être défendu par un honnête homme ;
toutes les conséquences se déroulent avec une naïveté qui jettent le
lecteur dans un étonnement voisin de la stupéfaction.

A comparer au livre de M. Lecour le rapport de M. Lenœrs, commissaire de police en chef à Bruxelles. *(Actes du Congrès de Genève.)*
Cette fois, c'est sans contredit un malhonnête homme défendant un
malhonnête régime.

(2) *La Prostitution à Paris,* p. 262.

(3) *Idem,* p. 256.

Cette citation vaut son pesant d'or; elle a l'avantage de mettre vigoureusement en relief le cynisme naïf qui inspire tout le système. Observez l'irritation de l'auteur. Qui vise-t-elle? Le débauché. — Parce qu'il est un débauché? Nullement. — Qu'il soit un débauché tant qu'il voudra; aux yeux de l'administration, il reste un honnête homme aussi longtemps qu'il met à profit les ressources qu'elle lui offre. Il agit, par contre, d'une manière impardonnable, lorsque, dédaignant les satisfactions surveillées et assainies par la police, il s'en va autre part. Accompli sous l'œil paternel des agents, l'acte vicieux n'est plus qu'une « *souillure matérielle* ». M. Lecour le déclare formellement. L'honorabilité reste intacte. La présence de la police a évidemment le don de tout purifier. Que le même acte se répète loin d'elle, la question change complètement. Le stoïcien se réveille dans l'âme du policier, et Lecour déclare la moralité outragée. Vous souriez... pour ma part, j'aurais plutôt envie de pleurer : tout frémit, tout tressaille en moi quand je suis forcé de m'avouer que cet homme de police, qui est à coup sûr plus honnête que beaucoup d'autres, a tout simplement le courage de dire tout haut ce que chacun répète tout bas. Car, après tout, cette morale qu'on professe à la préfecture de police, elle est la morale en action qui se prêche et se pratique dans toutes nos préfectures et sous-préfectures, sans compter nos chefs-lieux de cantons. Elle sert de thème aux innombrables conversations auxquels se livrent, chaque après-midi, cette nuée de fonctionnaires et de bourgeois oisifs qui tuent pesamment leur temps au café. Réjouis-toi, Tartufe, tu es vengé! Si l'on te siffla quelque peu jadis, aujourd'hui tout a bien changé. On t'écoute, on t'imite, on t'admire. Tu as quitté la sacristie, pour régner partout. Tu règlementes à la préfecture de police, tu rends des arrêts au tribunal, tu défends le Code au Sénat, tu pleures sur les misères du peuple à la Chambre... La femme elle-même, qui jadis te démasqua avec tant de vigueur, subit ta louche influence. Elle ne croit plus à sa dignité et sourit à ceux qui proclament sa déchéance. Oui, vraiment, tu es vengé, Tartufe !

Et ne dites pas que j'exagère : il faut vraiment qu'une société soit bien avilie pour tolérer qu'on lui prêche une moralité qui s'accommode de telles pourritures ! Qu'on excuse mon insistance ; il est nécessaire de percer à jour tous les grands mots dont l'administration, humble servante de l'hypocrisie générale, enveloppe sa véritable pensée, pour comprendre l'attitude qu'elle est contrainte d'adopter. Étant donnée la manière dont la police considère le vice, la logique la plus élémentaire exige, en effet, qu'elle voie d'un œil favorable le personnel de la débauche marqué de son estampille, et qu'elle réserve toutes ses rigueurs aux représentants de la prostitution clandestine.

Nous sommes ici, en pleine boue — veuillez, de plus, l'observer — en présence du grand fait de la concurrence qui régit tous les phénomènes économiques. Or, la concurrence que la prostitution clandestine fait à celle qui est autorisée est écrasante. On estime à *trente mille*, d'autres disent à soixante mille, les malheureuses qui pratiquent le vice à Paris à leur guise, tandis qu'un peu plus de *trois mille* seulement sont inscrites et surveillées par la police. Ces chiffres disent assez haut l'étrange succès de la réglementation et les illusions dont se bercent les honnêtes gens qui voient dans le système actuel une garantie pour la santé publique : trois mille que l'on a sous la main et trente mille sur lesquelles on ne peut rien ! Ces chiffres prouvent aussi la défaveur dans laquelle les hommes de débauche tiennent les maisons de tolérance. Après avoir été les clients fidèles de ces établissements, ils les délaissent et cherchent autre part, je disais tout à l'heure pour quelle raison ; mais cette décroissance prouve autre chose encore. Qu'on sourie tant que l'on voudra ; je crois, pour ma part, à la grandeur native de l'âme humaine et j'aime à en chercher des preuves jusque dans la fange ; eh bien ! j'affirme qu'il y a dans cette résistance opiniâtre, désespérée, que des milliers de malheureuses opposent à l'administration, le symptôme d'un reste de dignité. L'âme humaine est ainsi faite qu'il y a dans la plus dégradée des tressaillements instinctifs, des protestations terribles. Oui, elles font le mal, mais encore veulent-elles le faire librement ! Oui, elles se dégradent, mais encore veulent-elles conserver, jusque dans leur infamie, une apparence de liberté ! Il y a dans la boue bien des degrés, bien des nuances dont il faut tenir compte. Impossible de nier la différence qui existe entre la prostituée maîtresse de ses actes et cette malheureuse sur laquelle s'est appesantie la lourde main de la société, pour en faire une simple machine à prostitution.

Interrogez les femmes admirables qui descendent dans ces bas-fonds pour y offrir le salut aux plus meurtries ; elles vous diront qu'elles ne désespèrent d'aucune d'elles et que, toutefois, lorsque la femme est devenue cette masse inerte sur laquelle passe et repasse, comme un formidable rouleau compresseur, toute la bestialité et tout le mépris de la société, il y a peu d'espoir de retour au bien. Et si cela est ainsi, comment en voudrions-nous à la prostituée si elle refuse instinctivement les chaînes qui la riveraient aux travaux forcés de l'infamie à perpétuité ? D'un autre côté, comment nous étonner si la police, en face des difficultés sans cesse renaissantes que lui crée la débauche clandestine, en face surtout de la concurrence écrasante que celle-ci fait à la prostitution officielle, est entraînée, bon gré mal gré, à faire à cette dernière les concessions les plus dangereuses et est amenée, en vertu même de son système, à considérer chaque maison de tolérance comme *un établissement d'utilité publique?*

Toute persuadée qu'elle ne peut lutter contre la prostitution clandestine qu'en favorisant celle qui est réglementée, elle arrive à entourer cette dernière d'égards de toute nature. Elle feint devant le public de mépriser les tenanciers et les maîtresses — en réalité, elle les regarde comme des auxiliaires précieux, que dis-je? comme des fonctionnaires. « Les agents de l'administration eux-mêmes doivent leur parler, chapeau bas. » (1) Et voilà pourquoi elle hésite si fort lorsqu'il s'agirait de sévir. Prendre en main la cause des malheureuses qu'on exploite?... Y songez-vous! Ce serait porter atteinte aux intérêts considérables engagés dans l'établissement. Mettre un terme à certains actes infâmes interdits — notez-le bien — par les règlements de la police elle-même?... Nouvelles hésitations. On invoquera des nécessités d'un ordre supérieur, on alléguera les exigences de la clientèle, et si vous insistez, on vous dira : « Eh bien! oui, il faut fermer les yeux. Qui « veut la fin veut les moyens. Si l'on décourage le person-« nel de la prostitution inscrite, on fait le jeu de la clan-« destine. Tout plutôt que d'en arriver là! » (2)

Et c'est ainsi que la police se condamne, en vertu même du système qu'elle préconise, à tourner dans un cercle vicieux. Après avoir toléré le mal, sous prétexte d'en atténuer les plus grossiers excès, elle consent à fermer les yeux

---

(1) Rapport présenté par M. Fiaux au Conseil municipal, p. 8.

(2) Parent du Chatelet dit entre autres : « La police doit entourer la maîtresse de maison de *toute sa protection.* »

sur ces excès mêmes. Elle tolère tout et n'atténue plus rien. Que dis-je? par sa complicité même, elle communique aux débordements du vice une gravité exceptionnelle. Je viens de prononcer le mot de complicité — les faits sont là qui prouvent que je n'exagère pas. Il faut que les honnêtes gens le sachent : on ne pourra jamais énumérer toutes les turpitudes dans lesquelles la police se compromet chaque jour. Ce n'est pas en vain qu'on accepte de surveiller et de nettoyer les harems de l'Occident !

Vous demandez des exemples; qu'à cela ne tienne. Cette fois-ci, j'épargnerai notre amour-propre national en les cherchant au delà de la frontière; mais soyez assurés qu'ici même ils ne feraient pas défaut.

Les débats des procès de Bruxelles ont mis en lumière l'intimité complète qui régnait, dans cette ville, entre les membres de la police et les tenanciers : C'est, tout d'abord, le commissaire en chef de la police de Bruxelles, qui, sous le nom de son fils, se fait le fournisseur du mobilier, du vin et des liqueurs pour l'usage des maisons de tolérance de la ville ! C'est, ensuite, l'officier de la police des mœurs Sch..., que la principale tenancière fait son légataire universel. Témoignage bien naturel de reconnaissance, au reste ! Écoutez le trait suivant : (1)

....C'est avec la complicité de la police des mœurs que des filles mineures étaient séquestrées dans les maisons de tolérance de Bruxelles.

Lorsque M. Dyer eut dévoilé les faits dont il avait obtenu la preuve dans ses investigations, il fut officiellement traité d'imposteur. Mais comme le gouvernement anglais s'était ému, le parquet se décida à agir, et le procureur demanda à l'officier de la police des mœurs,

---

(1) *Actes du Congrès de La Haye*, p. 130.

s'il n'y avait pas de mineures dans les maisons, Sch... nia énergiquement; puis, au sortir de cette entrevue, il fit le tour des maisons de tolérance pour en retirer précipitamment les mineures qui s'y trouvaient, et, le même jour, la police de Bruxelles transmettait au parquet son rapport signé, certifiant qu'il n'y avait pas une seule fille mineure dans les maisons de prostitution !

Un exemple entre mille, soit dit en passant, des mensonges inouïs dont on est coutumier dans ce monde-là et des difficultés de tout genre contre lesquelles se heurte quiconque veut savoir la vérité.

Un dernier détail pour achever le tableau.

Le bourgmestre de Bruxelles avait fait aménager sa propre maison pour en faire un lupanar, et l'avait vendue à des tenanciers sous des conditions qui le laissaient en quelque mesure intéressé à l'exploitation ! Tant il est vrai qu'il suffit de pactiser avec la boue pour y glisser et pour s'y noyer.

Comprend-on maintenant à quel point la police se compromet en s'obstinant dans ces cloaques ? Ne voit-on pas qu'elle fait tout pour se déshonorer et qu'elle n'a pas, en somme, de meilleurs amis que ceux qui veulent l'arracher à toutes ces transactions honteuses, la rendre forte et respectée en la rendant respectable ? (1)

---

(1) Afin qu'on ne s'imagine pas que les faits de Bruxelles sont isolés, j'extrais des *Actes du Congrès de la Haye*, p. 138, les lignes suivantes :

« Les agents des mœurs opèrent quelquefois directement pour le
« compte des tenancières. Ainsi, à Montpellier, en 1878, le Conseil
« municipal a révoqué un inspecteur qui accostait les jeunes filles à
« leur sortie de l'hôpital et les faisait disparaître : on sut plus tard
« qu'elles étaient expédiées à des maîtresses de maison de la région.
« En 1880, le procès de la proxénète A..., à Marseille, montrait
« qu'elle n'avait pas eu de plus actif collaborateur dans son métier

IV. — Nous avons, à propos de la séquestration, prononcé le mot esclavage des blanches. Ceci n'est pas une figure, mais une réalité ; bien plus, l'esclavage des blanches entraîne à sa suite *la traite des blanches*.

En effet, les maisons autorisées, pour pouvoir prospérer — et la police veut qu'elles prospèrent — doivent se recruter. Outre le courtage indirect que font en leur faveur la misère et l'abandon, il y a un courtage direct. Le vice a ses courtiers et ses courtières qui vont dans les villages les plus reculés offrir des places avantageuses de femmes de chambre, de demoiselles de magasin aux naïves enfants de la campagne. Une fois qu'on a réussi à attirer les jeunes filles à la ville, on les étourdit, on les enivre, on les viole, et on les jette, après les avoir déshonorées, dans une de ces maisons d'où l'on ne sort plus.

Voici un fait entre plusieurs (*Figaro* du 6 février 1882) :

Deux ignobles vieillards, les époux Demeure, procuraient des jeunes filles aux maisons de tolérance du Puy, de Saint-Étienne, de

---

« de détournement de mineures que le sieur Quintard, inspecteur « des mœurs. »

Jeannel (*De la Prostitution*, p. 317) affirme hautement que dans certaines villes « *les inspecteurs font le courtage, indiquent aux* « *débauchés la demeure de certaines filles et profitent de leurs* « *fonctions pour se livrer au plus dangereux proxénétisme.* »

Mireur, dans son livre *Sur la Prostitution à Marseille*, p. 148, fait l'aveu suivant, aveu d'autant plus significatif que l'auteur a été attaché au bureau des mœurs de Marseille et qu'il est, en somme, partisan de la réglementation :

« L'expérience du passé nous a fait voir, en moins de dix ans et « dans une ville qu'il nous serait facile de désigner, deux de ces « fonctionnaires (inspecteurs des mœurs), révoqués pour cause d'in- « dignité !... Avant d'avoir été reconnus indignes, *de quels abus, de* « *quelles exactions, de quels crimes peut-être, ne s'étaient-ils pas* « *rendus coupables?* »

Montbrison, etc. La traite des blanches était organisée sur une vaste échelle. Le couple hideux opérait dans la région lyonnaise et l'Auvergne, étendant ses opérations jusqu'au Dauphiné et à la Provence. C'est surtout dans le personnel des filles de campagne désireuses de venir à la ville qu'il recrutait ses clientes, et, suivant la beauté, l'intelligence, l'inexpérience des jeunes personnes, il variait ses exigences. Demeure avait des tarifs imprimés à l'usage des maisons qu'il fournissait, et il ne livrait la marchandise qu'au prix de facture.

J'ignore comment la nouvelle arriva jusqu'au fond des villages... Jugez du désespoir des parents. Le scandale était trop criant; la police — qui ferme les yeux aussi longtemps qu'elle le peut — dut agir : le parquet s'émut... et devant le tribunal correctionnel eut lieu le plus lamentable défilé de jeunes filles déshonorées et de pauvres mères en larmes. Quant au couple Demeure, il reconnut avec le plus grand calme le bien fondé de l'accusation. Quoi de plus naturel que de collaborer à une institution de l'État !

Le tribunal fut évidemment de cet avis. A quelle peine croyez-vous qu'il ait condamné ces trafiquants de chair humaine, qui avaient froidement, de propos délibéré, brisé l'existence de toutes ces jeunes filles, détruit la paix et l'honneur de tous ces foyers ? Le mari à un an et un jour; la femme à six mois. Ils ont sans doute déjà recommencé leur commerce.

Un an et un jour de prison : voilà ce que vaut à l'heure actuelle l'honneur de la fille du peuple dans notre patrie ! Un an et un jour de prison ! Au nom des femmes de France, je vous remercie, Messieurs les magistrats ! Au nom de vos filles, je vous félicite, Messieurs les juges ! Après tout, en punissant à un an et un jour un crime auprès duquel l'assassinat n'est qu'une honnête plaisanterie, vous proclamez bien haut que vous considérez, vous aussi, la prostitution réglementée comme une des pierres angulaires de la société actuelle!

Oh! je sais, vous me dites que je déraisonne et que je fais preuve d'une grossière ignorance en parlant d'un crime, alors qu'il s'agit d'un simple délit, passible tout au plus du tribunal correctionnel. Vous me dites que le Code est ainsi fait... Eh bien! c'est précisément là ce dont nous nous plaignons; nous ne comprenons pas qu'un peuple qui se respecte tolère un Code ainsi fait, un Code qui traite l'honneur et la dignité de la femme comme la plus insignifiante des bagatelles! Et nous vous demandons, Messieurs les magistrats, si toutefois vous avez une mère que vous vénériez, une fille que vous chérissiez, une compagne que vous respectiez, nous vous demandons de mettre votre science et votre expérience au service du mouvement émancipateur qui inscrira en tête de nos lois civiles les droits inaliénables de la femme.

Du reste, qu'on ne s'y trompe, ce ne sont pas seulement les déplorables lacunes du Code qui dictent aux magistrats leur attitude. Leur conduite dans ce domaine est déterminée par le grand préjugé national du vice nécessaire et des conséquences qu'il implique. Nos magistrats savent parfaitement que la police des mœurs est en rébellion ouverte contre la loi; que la réglementation est insoutenable au point de vue juridique, qu'elle est un scandale quotidien au point de vue de la légalité tout aussi bien que de la moralité. N'importe, la débauche étant une nécessité, il s'agit de fermer les yeux : et c'est ainsi que nous nous trouvons en face d'une magistrature qui se tait lorsqu'elle devrait parler; qui reste inerte lorsqu'elle devrait frapper; qui subit sans mot dire le bon plaisir de la police, alors qu'elle devrait, partout et toujours, affirmer la majesté de la loi en tenant la police dans la plus étroite sujétion. Je touche là à l'un des plus graves dangers dont nos démocraties contemporaines soient menacées. La police représente la force; la magistrature, le droit : la justice règne aussi longtemps que la police se borne à exécuter les arrêts de la magistrature et que la force est mise au service du droit. Le jour, par contre, où la police réussit à s'émanciper pour agir à sa guise, le règne de la Loi est en péril, et avec le règne de la Loi, c'est l'avenir même de la démocratie qui est mis en question.

«« Vous le voyez, tout se tient, tout s'enchaîne; ce n'est pas impunément que la société ignore les dénis de justice dont sont accablées quelques misérables existences. Dès qu'on tolère le désordre, on l'aggrave, et, un beau jour, il a tout envahi. La réglementation, ce n'est pas seulement la femme soumise à l'arbitraire le plus avilissant; c'est la magistrature subissant le bon plaisir de la police, la magistrature journellement compromise, parfois même déshonorée. (1) Et l'on s'étonne que nous, qui voulons une magistrature respectée de tous afin qu'elle soit forte, au besoin, contre tous, nous ayons l'horreur d'un système qui aboutit à de telles conséquences !

------

(1) « La *Lanterne* avait dit que la magistrature était subordonnée
« à la police. (Il s'agit ici de l'affaire Eyben.) M. Andrieux (alors
« préfet de police) vint bien haut affirmer cette subordination. Il dé-
« clara que le procureur de la République, avant de rendre son or-
« donnance de non-lieu, lui avait dit :

« Voulez-vous? Si vous ne voulez pas, eh bien! nous poursuivrons
« Mme Eyben. »

« Si le garde des sceaux avait eu le sentiment de la dignité de la
« magistrature, il eût dû immédiatement intervenir pour infliger un
« démenti à M. Andrieux. »

(Y. Guyot, *La Prostitution,* p. 258.)

Deux mots encore sur la traite des blanches. Qu'on ne s'imagine pas que le fait que je viens de citer soit exceptionnel; il y a un courtage actif, incessant, menace permanente contre la sécurité des jeunes filles pauvres, courtage à la campagne — je viens de le décrire — courtage en ville, qui revêt les apparences les plus diverses. Les arrivées des trains sont surveillées par des personnes qualifiées qui offrent leurs services aux jeunes filles qui débarquent; les ateliers de femmes ont leurs *procureuses,* des ouvrières chargées de corrompre les plus jeunes. Le trafic revêt dans certains pays un caractère international. Les procès belges ont mis en lumière le commerce important de jeunes filles qui se fait d'Angleterre en Belgique. (1) Un éminent magistrat du centre de la France me donnait dernièrement des détails précis sur le recrutement opéré à Saint-Étienne pour le compte des maisons de tolérance de Barcelone. En Espagne on n'y regarde pas de si près : on expédie donc dans ce pays les mineures, quitte à les rapatrier pour les vendre à Bordeaux, Toulouse, etc., quand on pourra les faire passer pour majeures. Voici, enfin, ce que dit un voyageur allemand, W. Jœst, dans son ouvrage *Du Japon en Allemagne par la Sibérie :*

On parle avec indignation, en Allemagne, du commerce d'esclaves qui se pratique en Afrique ou à Cuba. On ferait mieux de songer à ôter la poutre de son œil, car je crois qu'il n'y a pas de pays au monde — l'Autriche y comprise — où l'on se livre avec autant d'ardeur à *la traite des esclaves blanches.* On travaille avant tout pour l'exportation.

L'itinéraire qu'on fait suivre à ces malheureuses est facile à indiquer. De Hambourg on les embarque pour l'Amérique du Sud. Bahia, Rio de Janeiro en reçoivent quelques-unes; la plus grande

(1) Lire entre autres : Y. Guyot, p. 171.

partie est destinée à Montevideo et Buenos-Ayres : le surplus est dirigé, par le détroit de Magellan, sur Valparaiso. D'autres envois sont destinés à l'Amérique du Nord : on les y expédie soit par l'Angleterre, soit directement. La concurrence qu'elles rencontrent en débarquant les contraint à aller plus loin. Les unes descendent le Mississippi et se fixent à la Nouvelle-Orléans ou au Texas; d'autres vont jusqu'en Californie. C'est là qu'on vient les chercher pour approvisionner les diverses localités de la côte jusqu'à Panama, tandis que Cuba, les Antilles et Mexico se fournissent à la Nouvelle-Orléans. Sous l'étiquette de Bohémiennes, en outre, on exporte bon nombre d'Allemandes, à travers les Alpes, en Italie; de là, plus au sud, à Alexandrie, Suez, Bombay, Calcutta jusqu'à Singapoure — parfois même jusqu'à Hong-Kong et Shanghaï.... La Russie, enfin, s'approvisionne dans la Prusse Orientale, la Poméranie et la Pologne. La première station est, en général, Riga. C'est là que les trafiquants de Pétersbourg et de Moscou s'assortissent et préparent leurs envois pour Nijni-Novgorod, et, par delà l'Oural, pour les villes les plus éloignées de la Sibérie; c'est ainsi que j'ai trouvé à Tschita une jeune Allemande qui avait été vendue et revendue de la sorte *(ein auf diese Weise verhandeltes Mædchen)*. Ce trafic considérable est parfaitement organisé; il dispose d'agents et de voyageurs de commerce, et si le ministère des affaires étrangères consentait à demander à ses consuls quelques rapports sur la matière, on pourrait vraiment établir une intéressante statistique. (1)

J'ai tenu à donner cette citation sans l'écourter. Elle a de quoi faire réfléchir les hommes toujours prêts à crier à l'exagération, dès qu'on dénonce quelqu'une des iniquités sur lesquelles repose la société actuelle. On aura beau faire; impossible de nier qu'à la fin du XIX⁰ siècle la traite des blanches n'existe en pleine civilisation européenne — et cela comme conséquence directe du système maudit, prôné et défendu par la police et par foule d'honnêtes gens. Il est louable de verser des larmes d'indignation sur la chasse aux esclaves dans l'Afrique équatoriale :

---

(1) A. BEBEL, *Die Frau*, p. 84.

il serait plus sage, toutefois, de regarder en face les iniquités qui s'accomplissent à notre porte et d'y mettre un terme.

V. — La dernière conséquence que je veuille mettre en lumière est la *police des mœurs*. Le fonctionnement de la police des mœurs dans nos grandes villes, c'est tout simplement *la femme pauvre mise hors la loi.*

A cet égard, je puis être bref, le livre de M. Y. Guyot *(La Prostitution)* épuise le sujet. La police des mœurs a reçu là un coup de massue dont elle ne se relèvera plus. Je recommande à mes auditeurs l'étude de cet ouvrage important. (1)

L'administration, en réglementant la prostitution, s'est mise en rébellion ouverte contre la loi. Elle a créé, de toutes pièces et de sa propre initiative, *une législation de la boue et dans la boue,* une loi en dehors de la loi, *une loi d'exception* à laquelle elle entend, de gré ou de force, soumettre tout le personnel de la débauche.

Cette loi d'exception est appliquée — dans les grandes villes — par la police des mœurs. Celle-ci se compose d'un certain nombre d'agents toujours habillés en civils, qui ont la double mission de poursuivre les prostituées clandestines, afin de les contraindre à se faire inscrire, et de surveiller les femmes inscrites, afin de vérifier si elles pra-

---

(1) Mon éloge est d'autant plus impartial qu'une profonde divergence de vues me sépare de l'auteur. Notre conception sociale et notre conception morale diffèrent essentiellement. Raison de plus pour que je rende hautement hommage aux mérites incontestables de ce livre. Pourquoi faut-il seulement qu'il y règne une crudité de langage, pour le moins inutile?

tiquent la débauche en se conformant au règlement. En effet, les naïfs seuls s'imaginent que la police des mœurs a pour mission de défendre les mœurs. Elle est chargée, non pas de *réprimer l'immoralité,* mais de *régulariser l'exercice de la débauche.* (1) Si vous doutez de mon affirmation, surmontez votre répugnance, je vous prie, pour étudier les règlements bizarres, inouïs, inventés par les casuistes de la préfecture de police. Il y a les turpitudes permises, les turpitudes défendues; ici, la boue est tolérée jusqu'à la cheville; là, on a le droit d'y entrer jusqu'à mi-jambe. (2) Tout étant matière à règlementation, tout fournit matière à contravention. Malheur à la prostituée à laquelle les agents en veulent. Elle a beau avoir sa carte en règle, on aura — dès qu'on le souhaitera — mille raisons pour une de se saisir d'elle.

A vrai dire, la police des mœurs réserve en général ses rigueurs aux *insoumises* — on désigne sous ce nom les prostituées clandestines — elle a pour mission spéciale de les surveiller, de les traquer, de les arrêter... et c'est pour cela, notez-le bien, que *la police des mœurs a le droit de suivre et de suspecter toute femme pauvre qui traverse seule, le soir, les rues de nos grandes villes.* Voilà la conséquence révoltante de ce système que j'ai entendu défendre par d'honnêtes mères de famille qui n'en connaissaient pas le premier mot; voilà ce qu'il faut dire et répéter sans se lasser, ce qu'il faut crier sur les toits, afin de contraindre les honnêtes gens à se réveiller de leur tor-

----

(1) « Répétez-le bien haut, Monsieur, me disait, après une confé-
« rence, un homme revêtu d'une haute fonction dans la magistra-
« ture, la police des mœurs ne réprime pas le vice, elle en régularise
« la pratique. »

(2) Y. Guyot, p. 109.

peur et à se mettre à l'œuvre! La police des mœurs est, par le fait même de son organisation, une insulte à la dignité de nos femmes, une menace à la sécurité de nos filles. Quand vous envoyez vos filles à l'ouvrage, dites-leur bien, travailleurs qui m'écoutez, qu'elles observent soigneusement leurs allures : qu'elles ne marchent pas lentement, car l'homme de police qui les guette les accuserait de se promener; qu'elles se gardent bien de courir, car il dirait qu'elles manquent de tenue; surtout qu'elles ne plaisantent pas trop haut, car une jeune fille qui rentre à pied n'a pas le droit de rire sans attirer les soupçons; si elle revenait en voiture, passe encore. Oh! je ne plaisante pas; vous n'ignorez pas les méprises grossières, les maladresses criminelles dont la police des mœurs s'est mainte et mainte fois rendue coupable. Tout cela a fait trop de bruit pour que je m'y arrête. Je dis toutefois qu'on est injuste en attaquant sans pitié les agents; c'est le système qui mérite toute notre colère. Y a-t-il, en effet, mission plus grave et plus délicate que celle confiée à ces hommes? On leur donne pour consigne de surveiller toutes les femmes qui passent et de distinguer celles que leur honnêteté met à l'abri de tout soupçon, de celles que la débauche a entièrement perverties tout comme de celles qui ne sont pas encore mûres pour le métier d'infamie! Pour s'acquitter avec intelligence de semblables fonctions, il faudrait être un physionomiste de première force, que dis-je? un psychologue, un moraliste et, par-dessus tout, — pour patauger ainsi en pleine boue sans y enfoncer — un héros de pureté. Or, que sont en général les hommes qui composent la police des mœurs? d'anciens sous-officiers qui ont appris au régiment tout autre chose que le respect de la femme, des hommes souvent grossiers, toujours ignorants, enivrés et salis par les corvées immondes qu'on leur impose. (1) Et ce sont ces gens-là qui, par le fait de la réglementation, disposent, dans nos grandes villes, de l'honneur et de la réputation de la femme et de la jeune fille qui travaillent ! Souhaitez-vous un exemple ? en voici un, je le tiens d'un témoin oculaire : Il y avait eu *une râfle* — c'est l'expression consacrée — sur le boulevard extérieur. Les agents des mœurs avaient ramené au poste de police prochain une poignée de malheureuses qui se débattaient, criaient, pleuraient. Le personnel du poste, habitué à ces scènes, n'y prêtait aucune attention, lorsqu'un des sergents de ville pousse un cri d'étonnement : « Eh ! quoi, vous ici ! » — il venait de reconnaître parmi les femmes qui protestaient le plus fort, une jeune ouvrière, la fille de sa voisine. Celle-ci lui raconte en sanglottant que, revenant à la maison, elle s'était arrêtée un instant à causer avec une camarade. Soudain elle avait vu des femmes qui se sauvaient, elle s'était mise elle-même à courir et était tombée dans les bras d'un agent qui —

---

(1) « Jeune, vigoureux, presque toujours buveur, il (l'agent des
« mœurs) se trouve jeté dans un milieu de plaisirs; il patauge jour et
« nuit du salon de la maison à la chambre de l'isolée; les femmes
« matrones et isolées vont en faire l'objet de leurs sollicitations, de
« leurs offres d'argent et autres pour atténuer sa sévérité.... »

« Qu'on juge de l'influence d'une telle atmosphère sur ce malheu-
« reux, qui est irresponsable et tout-puissant. »

(Rapport de M. Fiaux au Conseil municipal, p. 14.)

Voir, Y. GUYOT, p. 105, l'histoire caractéristique :

1º de deux agents de la sûreté *envoyés en disgrâce* dans le service des mœurs;

2º d'un commissaire de police déplacé parce que sa présence était
un danger permanent pour les femmes du voisinage et envoyé...
dans le service des mœurs.

A rapprocher des faits analogues que nous avons eu l'occasion de
citer plus haut, p. 51.

sans se soucier de ses explications — l'avait déclarée de bonne prise. Inutile d'ajouter que le sergent de ville fit immédiatement relâcher la malheureuse enfant. Mais sans la présence fortuite de ce témoin, que fût-il arrivé? Écoutez-le, l'affaire en vaut certainement la peine.

On eût emmené la jeune fille avec les autres femmes à la préfecture, afin de lui faire subir l'interrogatoire habituel. Cet interrogatoire peut avoir — ne l'oubliez pas — les conséquences les plus excessives. Il est confié à un employé qui juge à huis clos, dans le clair obscur d'un cabinet de la préfecture de police, et prononce, sans débat contradictoire, sur le simple rapport de l'agent, sans que la femme puisse se faire assister, soit son inscription, soit son emprisonnement à Saint-Lazare. (1)

------

(1) Y. Guyot, p. 138.

Voir également Fiaux, *Rapport au Conseil municipal*, p. 30 : « Le chef de bureau, sous la direction de son chef de division, pro-« nonce sur le sort de chacune à huis clos, sans que la femme « puisse appeler un conseil ou des témoins; le seul rapport de « l'agent fait foi. »

Je recommande, enfin, à la sérieuse méditation des honnêtes gens qui affectent une modération pleine de libéralisme et un libéralisme plein de modération, le passage suivant du journal le *Temps* (numéro du 20 juillet 1881) :

« L'appréciation de la chose est entièrement remise à l'arbitraire « des agents des mœurs. En peut-il être autrement? Nous ne savons, « mais la réalité actuelle est que les agents de cette sorte concen-« trent en eux l'initiative des sergents de ville, les pouvoirs des « commissaires de police, les priviléges des fonctionnaires du par-« quet, les lumières des juges d'instruction et l'autorité des tribu-« naux correctionnels; ils recherchent, ils constatent, ils accusent, « ils condamnent et même ils exécutent. Et cela est inévitable, le « racolage n'étant ni un délit ni une contravention; la prostitution « sur la voie publique est mise par les règlements de police sur le

Arrêtons-nous un instant, je vous prie, pour examiner de plus près cette procédure. Elle en vaut certainement la peine. Voilà donc une femme — innocente ou coupable, peu importe — qui comparaît devant un tribunal où siège qui? un fonctionnaire de l'administration, un fonctionnaire si bien couvert par son administration qu'il devient tout-puissant et irresponsable — juge unique, juge dont les arrêts sont sans appel. Qui remplit ici les fonctions d'accusateur? les agents qui ont arrêté la femme. Qui a instruit l'affaire? les mêmes agents, toujours eux, rien qu'eux. Où est l'avocat? A quoi bon un avocat? les lumières de ce fonctionnaire ne suffisent-elles donc pas? Où sont les témoins? Des témoins? A quoi bon déranger des témoins? ce n'est qu'une femme qui comparaît, on ne fait pas tant d'embarras pour une femme.

Femmes honnêtes qui m'écoutez, commencez-vous à

« même pied que l'amas de boue dont il faut débarrasser la circu-
« lation, l'encombrement des voitures auquel il faut mettre un
« terme, le stationnement des piétons qu'il faut refouler; on ne ver-
« balise pas contre la boue, on ne traduit pas les camions en police
« correctionnelle, on ne poursuit les piétons que s'ils résistent. »

Qu'on n'oublie pas, en lisant ces lignes, qu'elles ont été écrites à propos d'une femme qui n'était *en aucune façon une prostituée* et qui, ayant été arrêtée de la façon la plus arbitraire et la plus inique, s'était vue traitée, selon la galante image du *Temps, comme la boue ou comme les camions qu'on ne traduit pas en police correction-nelle.*

Les défenseurs de la réglementation sont donc amenés à affirmer qu'une société qui assimile les prostituées à un amas de boue doit se résigner à laisser parfois traiter les femmes les plus honnêtes comme « la boue contre laquelle on ne verbalise pas, ou les camions qu'on ne traduit pas en police correctionnelle ».

Il est décidément de mauvaises causes qui portent malheur aux hommes qui s'avisent de les défendre.

comprendre que derrière cette question que vous trouvez si répugnante, c'est tout simplement l'honneur de votre sexe qui est en jeu?

Comparez, je vous prie, cette procédure-là avec celle qu'on emploie dès que l'accusé a le privilège d'être un homme. Le dernier des misérables, le plus ignoble rôdeur de barrière a droit — quoi qu'il ait fait — à toutes les garanties. On lui donne d'office un avocat, s'il n'en connaît pas; il peut faire appeler tous les témoins qu'il souhaite, il ne peut être jugé sans un débat contradictoire : tout se passe au grand jour. Et si, malgré toutes ces précautions, un arrêt inique est rendu, la presse s'empare de l'affaire et se charge de faire du bruit.

Ici, par contre, où il s'agit de décider si une femme est, oui ou non, trop corrompue pour rentrer dans la vie commune; ici où il s'agit de décider si une existence humaine doit être marquée d'une inexprimable flétrissure, il semble que toute garantie est de trop : la sagesse de quelques agents de police suffit amplement à la besogne. Si un homme était en jeu, je le répète, ce serait autre chose; mais voilà, *ce ne sont que des femmes!*

Femmes qui m'écoutez, persisterez-vous encore dans l'inertie que vous avez observée jusqu'ici? Continuerez-vous à dire, lorsque vous serez rentrées chez vous : Après tout, cela ne nous regarde pas!

Oh! si, après avoir entendu tout cela, vous pouviez persévérer dans ce rôle de victimes et de dupes auquel on vous a depuis si longtemps accoutumées, je dirais qu'il n'y a vraiment plus rien à faire et qu'il est insensé de continuer la lutte pour vous arracher aux opprobres de la servitude.

Mais non, cela ne peut pas être, cela ne sera pas; vous

frémissez parce que vous entrevoyez pour la première fois peut-être la gravité de l'insulte que vous avez subie jusqu'ici. Vous protestez et vous dites : Nous ne nous accorderons point de repos jusqu'à ce que le système infâme qui proclame notre avilissement ait été détruit de fond en comble.

Et maintenant je me tourne vers vous, hommes honnêtes qui m'avez jusqu'ici accordé votre bienveillante attention, et je vous demande : « Avez-vous jamais siégé en « qualité de juré ? Avez-vous jamais senti le trouble poi-« gnant qui nous envahit à la pensée de la responsabilité « redoutable que nous allons encourir lorsque nous nous « demandons si nous avons vraiment des motifs décisifs « de croire cet homme coupable et de l'arracher à sa « famille, pour le jeter pendant quelques années en pri-« son ? » Quelle bagatelle pourtant que notre responsabilité en cette circonstance, comparée à celle dont se charge ce policier, qui, tranquille et serein, dit : « Cette fille... « il n'y a plus rien à en espérer : impossible d'en faire « quoi que ce soit de bon. La visite et la carte ! — A une « autre ! » Et ce sont parfois des mineures sur lesquelles on prononce ce jugement ! (1) et c'est un homme qui n'a

---

(1) J'ai parlé de *filles mineures*. On dira que c'est faux. Je ne connais, en effet, rien de tel que l'entêtement des honnêtes gens quand ils se sont mis dans l'esprit de défendre une mauvaise cause. Puisqu'il leur faut des affirmations précises, en voici :

« Il y a quelques années, lorsque l'insoumise était mineure, elle « était inscrite sans aucune hésitation. Aujourd'hui, après les plaintes « passionnées qu'a provoquées un tel abus de pouvoir, l'inscription a « lieu tout de même ; seulement des formalités la précèdent. M. Gigot, « qui de temps à autre avait quelques scrupules, faisait prévenir les « parents ; après cette consultation, il procédait à l'inscription.

pas la connaissance la plus élémentaire de l'âme humaine,
qui, du haut de sa suffisante insuffisance, s'écrie : « Plus
rien à faire pour celle-là ! » — Mais enfin, me direz-vous,
si l'erreur est évidente ? — Si l'erreur est évidente, on les
relâche ; mais on les relâche après les avoir presque toujours contraintes à la visite, qui, pour la femme honnête,
est un viol médical. Et elles s'en vont affolées, ayant le
sentiment d'avoir été déshonorées. Il y en a qui se sont
tuées de désespoir !

« M. de Bourbonne, ancien magistrat, a déposé devant votre Com-
« mission qu'à Reims la plupart des filles avaient été mises en carte
« de 16 à 17 ans. M. le Dr Level a vu une enfant de 16 ans demander
« à la police à entrer dans une maison publique. L'inspecteur Losne
« a déposé avoir rencontré dans une maison une enfant de 15 ans.
« M. Naudin a déposé également avoir inscrit lui-même une jeune
« fille de 17 ans.

« En 1875, une enfant C..., de 15 ans, est arrêtée, enfermée à Saint-
« Lazare par mesure administrative et, de là, transférée dans une
« maison du boulevard Montrouge. La même année, une jeune fille D...
« est inscrite sur les registres de la police comme une des précédentes ;
« elle venait d'avoir 17 ans... D'après le Dr Jeannel, de 1855 à 1860,
« sur un total de 1,004 prostituées à Bordeaux, 206 avaient été ins-
« crites avant l'âge de 21 ans. »

(Rapport de M. Fiaux au Conseil municipal, p. 31.)

A ajouter le détail suivant, extrait des *Actes du Congrès de
la Haye*, p. 136 :

Voici un fait typique raconté par M. le pasteur Appia : « J'ai été
« mis en relation, par mon ministère à Paris, avec une jeune fille
« de 15 ans que son père avait séduite : la loi avait condamné le
« séducteur aux travaux forcés pour une vingtaine d'années ; quant
« à la victime, à cette jeune fille mineure, la police des mœurs en
« prit soin : elle lui donna une carte et la mit dans une maison pu-
« blique de prostitution ! »

Voici donc les conséquences morales et sociales du système :

1° *La maison de débauche,* école de dépravation morale et de dégradation systématique de la femme ; j'ajoute : encouragement donné au célibat, cause permanente de dépopulation, d'un côté ; de relâchement des liens du mariage, de l'autre ;

2° *Séquestration des prostituées ;*

3° *La police déshonorée ;*

4° *La traite des blanches ;*

5° *La magistrature compromise ;*

6° *La femme du peuple mise hors la loi dans nos grandes villes.*

Et maintenant, voici ce que je vous demande : En admettant qu'on réussisse — ce qu'on n'a pas encore fait — à réglementer le vice de façon à sauvegarder la santé publique, estimez-vous qu'il faudrait acheter ce privilège au prix des conséquences monstrueuses que je viens d'énumérer ?

Et si vous persistez à affirmer que la prostitution est une nécessité sociale, alors, fort bien ! soyons logiques jusqu'au bout. Faisons en un service public, et, bien loin de mépriser les femmes qui l'exercent, soyons prêts à contribuer à leur œuvre, riches et pauvres, peu importe. Nous donnons bien nos fils pour le service militaire : donnons nos filles pour cette tâche d'un nouveau genre. Vous vous récriez... vous n'en avez pas le droit : à moins que vous ne vous décidiez à convenir que nous sommes en face d'une criante iniquité, qui a subsisté jusqu'à ce jour parce que ceux qui en supportent directement le poids ont trop longtemps gardé le silence. Eh bien ! c'est en leur nom à tous, au nom de tous les travailleurs dont les filles ont été flétries par le vice, au nom de toutes les mères qui, là-bas, dans nos campagnes, se consument à pleurer l'enfant qui ne reviendra plus ; au nom de toutes les malheureuses qui, du fond de leur honte, réclament la délivrance ; au nom de toutes ces pâles et silencieuses victimes de la débauche publique ; au nom de toutes les femmes honnêtes, enfin, qui sont atteintes par l'opprobre infligé à leurs sœurs misérables, que nous élevons la voix pour jeter à la face d'une société sans entrailles notre protestation. Et s'il y avait ici quelques-uns de ces satisfaits au cœur sec, qui s'efforcent d'étouffer sous leurs ricanements les revendications de la Justice, je ne leur dirais qu'un mot : Prenez garde ! prenez garde aux représailles que nous faisons tout pour empêcher, tandis que vous faites tout pour les provoquer. Prenez garde, car si, ce qu'à Dieu ne plaise, votre implacable égoïsme faisait avorter nos efforts, nous ne pourrions vraiment plus rien, à l'heure des catastrophes sociales, pour vous arracher au juste châtiment qui vous frapperait.

III

CE QUE NOUS VOULONS

Je termine en répondant brièvement aux deux objections capitales qu'on nous fait : « Vous voulez abolir, nous dit-on, le système actuel, qui place l'exercice de la débauche sous la surveillance de l'autorité ; vous voulez abolir la prostitution réglementée ; à quoi bon ? *C'est la prostitution elle-même qu'il faut attaquer ;* c'est au siège du mal qu'il faut agir. »

Mais c'est précisément là le programme de notre *Ligue Française pour le Relèvement de la Moralité publique —*

c'est là ce qui caractérise nos efforts. Tandis que certaines associations analogues combattent uniquement la réglementation et se bornent à lutter contre la police des mœurs, nous souhaitons, nous, d'aller droit à la racine du mal, aux causes morales et sociales du désordre.

C'est la question morale et sociale que nous entendons imposer à l'attention de nos concitoyens, et c'est précisément pour cela, entendez-le bien, que nous débutons dans notre campagne par déclarer la guerre à la police des mœurs et au système qu'elle préconise; pour cette raison également que nous faisons cause commune avec toutes les associations qui, en France ou en Europe, ont adhéré à *la Fédération britannique et continentale pour l'abolition de la prostitution réglementée.*

Il y a là une question de méthode de la plus haute importance. Il est, en effet, aisé d'observer que partout où sévit le vice organisé par l'administration, on se heurte aux préjugés les plus tenaces à l'égard de la prostitution elle-même.

Chacun répète : « Si l'État fait ceci, c'est qu'il juge la « prostitution inévitable. — Vous le voyez, c'est une né- « cessité; folie que de vouloir l'extirper! » Et l'on s'endort en pleine iniquité en répétant : « C'est ainsi, il n'y « a rien à faire. » C'est que chaque institution mauvaise n'est pas seulement la résultante de mœurs mauvaises; elle agit à son tour sur les jeunes générations à la façon d'une leçon de chose; elle obscurcit, par le fait seul de son existence, les intelligences, pervertit les consciences et augmente cette somme de lâche soumission au mal qui paralyse continuellement les plus nobles efforts.

Impossible d'attaquer le mal lui-même, de l'attaquer avec vigueur, aussi longtemps qu'on laissera subsister les institutions qui en proclament la nécessité. Nous ne ferons rien de sérieux tant que règnera le système actuel et qu'on pourra s'en servir pour opposer la question préalable à toutes nos revendications. Il faut que nous enlevions à la société le droit de déclarer la prostitution nécessaire, et pour lui enlever ce droit, il faut que nous détruisions les institutions sur lesquelles elle fonde son opinion, que nous en prouvions l'inutilité et l'iniquité, et qu'en démolissant la réglementation, nous extirpions des cœurs cette détestable croyance à la fatalité du vice à laquelle les agissements de l'administration procurent tant de force.

« Vous perdez votre temps, nous dit-on, en attaquant la prostitution réglementée. Question de détail, que celle-là ! » Nous répondons : « Nous perdons si peu notre temps que si nous renoncions à monter à l'assaut de cet ouvrage avancé, il nous serait impossible de livrer bataille avec la moindre chance de succès à l'ennemi lui-même, à la prostitution. Car, après tout, tant que la réglementation subsiste, c'est l'État qui se fait professeur de débauche. Et nous nous fatiguerions à arracher au mal quelques-unes de ses victimes, et nous nous épuiserions à atténuer quelques-unes des causes accessoires du désordre, quitte à ne pas souffler mot de la cause majeure, de la cause première ! La cause majeure, quelle est-elle, sinon la perversion des volontés — paralysie du sens moral chez les meilleurs, cynisme tranquille chez les mauvais, inerte résignation chez ceux-là même auxquels la souffrance devrait arracher quelque vigoureuse protestation ? »

Pourquoi cette oblitération générale de la conscience ? Parce que l'État, dont l'influence pédagogique est immense, parce que l'État, qui pétrit à l'image des institutions qu'il sanctionne chaque génération nouvelle, a cru bon d'organiser *l'enseignement national de la débauche obligatoire,* proclamant ainsi à tout venant que le vice est une nécessité pour l'homme, et la femme, une chose dont on a le droit d'abuser.

La composition des programmes scolaires est à l'ordre du jour; je doute qu'aucun pédagogue consente à y inscrire comme matière d'enseignement : Dépravation inévitable de l'homme, dégradation systématique de la femme. Et pourtant j'affirme que cet article se trouve inséré au programme par le fait même de la réglementation. Qu'on ne se récrie pas... je pourrais citer une ville importante du Midi dont le lycée fait face aux maisons de débauche. De leurs fenêtres les lycéens peuvent voir la prostitution pratiquée sous la haute sanction de l'administration. Et ce qui se passe ouvertement dans cette ville n'est que l'expression grossière de l'enseignement que reçoit sur toute la ligne notre jeunesse française et, avec elle, tout notre peuple.

Nous disons donc, nous répétons sans nous lasser : Point de réforme possible aussi longtemps que nous n'aurons pas détruit de fond en comble l'institution maudite qui donne à notre nation la plus détestable leçon de chose, et la persuade de l'inutilité de toute réforme. Qu'on s'unisse, par contre, pour attaquer ces écoles d'abjection, et dès que le flot montant de l'indignation aura commencé à miner les privilèges de la débauche, il y aura un réveil de la conscience publique, les honnêtes gens secoueront leur torpeur et se demanderont, en frémissant de colère, comment on a pu tolérer si longtemps un tel état de choses, et chacun dira : Il faut que cela finisse! Alors la croisade des justes pourra réellement s'engager contre le vice lui-même et contre toutes ses causes multiples, alors la guerre pourra être déclarée efficacement à toutes les iniquités sociales et à toutes les dépravations morales. Et dans cette

sainte guerre les ambitions grandiront avec chaque vic-
toire, et après avoir combattu la misère matérielle, cause
directe de la prostitution, on s'attaquera au mal moral,
on comprendra que la solution de la question sociale implique la solution de la question morale et que tout retour
à la justice doit être accompagné d'un retour au bien; et
l'on se persuadera qu'il n'y a pas de rénovation sociale
possible sans une rénovation morale; qu'il faut rendre
possible les institutions nouvelles en créant des mœurs
nouvelles.

Je dis donc : Nous aurons beau faire, cette question de
la réglementation, si répugnante qu'elle soit, doit être
envisagée, sinon avant tout, du moins de pair avec toutes
les autres. On m'a dit : « Nous la tournerons! » Je réponds : « Vous ne la tournerez pas, et si vous essayez,
vos ennemis, s'y fortifiant, paralyseront tous vos mouve-
ments en avant.

II. — Je m'adresse maintenant aux gens timides, et
leur nombre est légion. L'objection qu'ils formulent est
d'une toute autre nature : *Mais enfin*, nous disent-ils, *si
la réglementation est abolie, par quoi la remplacerez-vous?*
— Nous répondons : *Par le droit commun.*

On a prétendu que nous voulions la liberté de la prostitution; que nous réclamions, par exemple, la prostitution
comme à Londres. Rien de plus faux. Nous voulons, nous,
la répression de tout désordre public, quel qu'il soit et
d'où qu'il vienne. Ce sont nos adversaires, au contraire,
qui, par leur système, énervent la répression et lui en-
lèvent toute efficacité; c'est le régime d'exception auquel
est soumis actuellement le personnel de la débauche qui
rend l'action de la police timide parfois, odieuse d'autres
fois, arbitraire et inefficace toujours; c'est la réglementa-

tion qui, en donnant droit de cité au vice, en affirmant sa légitimité, habitue les représentants de la loi à regarder la prostitution, non pas comme une cause permanente de désordre contre laquelle il s'agit de lutter sans trêve ni repos, mais comme l'exercice d'un privilège qui, à la façon de la pêche ou de la chasse, peut tout au plus donner lieu à certaines contraventions. J'insiste et j'affirme que ce sont les défenseurs du système actuel qui empêchent toute répression digne de ce nom. Comment réprimer avec énergie des actes que l'on déclare permis sous certaines conditions ? En tolérant la prostitution dans telle occasion pour l'interdire dans telle autre, l'administration enlève au délit qu'elle prétend atteindre ce caractère de gravité incontestée et incontestable sans lequel il n'y aura jamais de répression sérieuse. Eh ! quoi, elle fait tout pour légaliser la pratique de la débauche, pour la dépouiller de cet opprobre qui s'attache à tout acte antisocial, comme le vol ou le meurtre ! Eh ! quoi, elle assimile les délits dont la débauche est l'occasion à ces fautes légères qui n'entament en rien l'honorabilité des délinquants ! Quand elle frappe la prostituée, elle a soin de déclarer que ce n'est jamais l'acte qu'elle vise, mais certaines formalités qui ont fait défaut; elle réduit ses agents au rôle de simples employés de l'octroi chargés de vérifier les conditions dans lesquelles les transactions s'effectuent... et elle s'étonne lorsque, après avoir mis tout en œuvre pour transformer le plus honteux des commerces en un négoce parfaitement licite, elle est désarmée contre les désordres qu'elle a fait naître et se voit incapable de réagir contre les scandales qui la débordent !

A époques fixes quelques-uns de nos honorables conseillers municipaux interpellent le préfet de police sur les scènes déplorables auxquelles la prostitution donne lieu dans tel ou tel quartier. Avec une désinvolture qui n'a d'autre excuse qu'une inintelligence complète du sujet, le préfet répond que les mesures sont prises et que les faits signalés seront sévèrement réprimés. Et les conseillers, de s'asseoir, s'imaginant qu'ils ont fait quelque chose. Comme si on pouvait empêcher un arbre de porter ses fruits! (1)

Point de répression sérieuse aussi longtemps que règnera la réglementation, qui n'est autre chose que le scandale public élevé à la hauteur d'une institution; point de décence et de sécurité dans nos rues aussi longtemps que la prostitution sera un métier reconnu et patenté, dont la police accorde le monopole. Nous seuls, qu'on le sache bien, avons le droit de parler de répression, parce que nous réclamons le droit commun et que dans une démocratie véritable il ne doit y avoir d'autre répression que celle conforme au droit commun, tandis que tout système d'exception engendre le plus effroyable désordre. Nous seuls, qu'on le sache bien, avons le droit de nous dire des hommes d'ordre, parce que nous sommes des hommes de justice et qu'à ce titre nous voulons en finir avec les monstrueuses iniquités qui résultent de l'état de choses actuel.

Nous voulons le droit commun : nous voulons que le sergent de ville soit armé contre les scandales publics que cause le vice tout aussi bien que contre ceux causés par

---

(1) Voir la séance du 9 juillet 1884 (*Bulletin municipal officiel*, p. 1204). M. Strauss a parfaitement résumé la manière de voir habituelle lorsqu'il s'est écrié : « Je constate une singulière antinomie « entre la répression de la prostitution demandée d'un côté, et la « suppression de la police des mœurs demandée de l'autre. *Il faut « opter entre ces deux systèmes...* »
Erreur complète, erreur radicale. La répression de la police des mœurs a pour condition *sine qua non* la suppression de la police des mœurs et le retour au droit commun.

l'ivrognerie ; nous voulons que le racolement grossier soit assimilé à l'outrage public à la pudeur et châtié comme tel ; nous voulons la décence et la sécurité de la rue ; nous voulons que l'organisation collective de la débauche, que la maison de tolérance soit interdite, que le proxénétisme soit frappé — mais tout cela à une condition expresse : la répression que nous demandons doit être entourée de toutes les garanties possibles ; *la femme doit être défendue par un tribunal et jouir, pour sa défense, des mêmes droits que l'homme.* Bien plus, la répression doit être identique pour l'homme et pour la femme : quoi de plus inique, par exemple, que de frapper la proxénète en laissant indemne l'homme qui a utilisé ses services ; la part des responsabilités doit être établie, et l'homme, objet jusqu'ici de je ne sais quelles odieuses et dégradantes faveurs, doit être frappé comme sa complice. Nous avons eu deux lois : une pour l'homme et une pour la femme ; il est temps que nous n'en ayons plus qu'une : *un droit, une loi.*

Il s'agit, en un mot, de substituer au règne désordonné de l'arbitraire le règne uniforme de la Loi. Nos adversaires prétendent que la majesté de la Loi sera compromise par ces détails de la fange. Étrange plaisanterie ! Comme si la meilleure manière de respecter la majesté de la Loi était de l'ignorer et de la violer. Je ne connais, pour ma part, qu'un moyen de manifester la majesté de la Loi, c'est de lui assurer partout et toujours, dans tous les domaines de la vie, l'obéissance absolue à laquelle elle a droit.

Nous voulons le retour à la Loi, bien entendu, avec tous les ménagements possibles : Il est telle mesure brusque qui serait préjudiciable à l'ordre public, évitons la. Qu'on agisse avec prudence, mais avec énergie. Et qu'on ne dise pas que nous réclamons l'impossible : Voyez ce qu'un administrateur courageux et éclairé a pu faire à cet égard dans une ville de garnison comme Colmar. (1) Il y a en France un grand nombre de villes où l'on pourrait imiter ce qui s'est fait à Colmar; on ne le tente pas parce qu'on dit : C'est impossible! et puis aussi parce qu'on redoute la coalition des hommes de proie et de joie. Qu'il surgisse une poignée d'hommes de cœur, et l'iniquité sera abolie.

J'ai cité Colmar; je pourrais parler de Glasgow, ville de 700,000 âmes. La police, effrayée du débordement de la prostitution, s'est mise à l'œuvre en sollicitant le concours des citoyens les plus dévoués. Elle n'avait à sa disposition aucun des pouvoirs discrétionnaires que procure ailleurs la réglementation; elle n'eût, au reste, su qu'en faire, car son ambition était de lutter contre le mal et non pas de l'organiser. Eh bien! voici les résultats obtenus en 10 ans : le chiffre des prostituées a été réduit de 557 à 39; les maisons de débauche, de 204 à 22.

Vous le voyez, nul n'a le droit de prétendre qu'il n'y a rien à faire.

Il est bien entendu, toutefois, que les lois répressives sont un pis aller auquel il ne faut pas demander plus qu'il ne peut donner. Ici comme ailleurs tout gît dans les mesures préventives.

La Ligue française pour le Relèvement de la Moralité publique souhaite avant tout de provoquer un réveil de la conscience publique; elle désire appeler l'attention persévérante de tous nos concitoyens sur certaines ques-

---

(1) J'engage tous mes auditeurs à lire la brochure décisive du maire de Colmar, *La Suppression des Maisons de tolérance*. Il y a là des faits et des chiffres que je recommande à l'attention de tous les hommes intelligents.

tions qui doivent, coûte que coûte, être étudiées et ré-
solues.

Elle lutte avec ardeur contre la réglementation parce
qu'elle y voit une des pires causes de la torpeur où sont
plongés les plus honnêtes; mais elle vise à bien d'autres
résultats.

Elle réclame une refonte de l'éducation. Il s'agit que
l'homme soit rendu capable de se dominer, de se conduire
en homme et non pas en brute. Il faut, par contre, que
la femme soit armée de pied en cap pour ne plus se laisser dominer, et qu'elle mette un terme à l'exploitation à
laquelle elle est en butte par la conquête des conditions
morales et matérielles de la Liberté.

La Ligue entend provoquer une réforme de notre Code.
La femme doit y occuper la place d'honneur qu'elle possède à notre foyer. La loi sur la recherche de la paternité
s'impose et, avec elle, bien d'autres réparations trop longtemps différées.

Au point de vue économique, enfin, il est temps qu'un
état de choses qui assure au travailleur sa dignité morale
et sa sécurité matérielle succède au désordre actuel dont
nous souffrons tous.

Quant à la question spéciale qui nous a occupés, nous
tenons à réclamer une *organisation plus large, plus humaine, du service sanitaire,* assurant un traitement sérieux
et efficace à tout malade, homme ou femme, en sorte
qu'il soit conforme à l'intérêt de chaque malade d'aller
spontanément se faire soigner.

Notre Ligue fait donc appel à tous les hommes de cœur
et à toutes les femmes de dévouement; elle s'adresse aux
femmes en particulier, aux femmes qu'une servitude sécu-
laire a rendues si timides, mais sans le concours desquelles
aucune cause juste ne peut triompher. Elle s'adresse, en

un mot, à quiconque se préoccupe de la question morale et de la question sociale et comprend leur intime relation.

La Ligue observe au point de vue philosophique et religieux, tout comme au point de vue politique, la neutralité la plus absolue. Elle souhaite la collaboration de tous ceux qui croient au bien et qui luttent pour hâter son triomphe.

A ce titre, elle a l'ambition de devenir une école d'humanité, au sens le plus élevé du mot. Un des hommes les plus aimés du parti populaire me disait dernièrement : « Ce qui nous manque en France, ce sont des hommes. » — Unissons-nous, mes chers concitoyens, pour nous exciter à devenir des hommes libres, pour renoncer aux honteux préjugés de la servitude, et nous lutterons ensemble avec efficacité contre toute iniquité pour le salut de notre peuple et le progrès de l'Humanité dans la voie bénie de la Liberté, de la Justice et de la Vérité.

STATUTS

DE LA

LIGUE FRANÇAISE

POUR LE

RELÈVEMENT DE LA MORALITÉ PUBLIQUE

I

La *Ligue française pour le relèvement de la moralité publique* fait appel à tous les hommes et à toutes les femmes de cœur et de dévouement qui veulent travailler au relèvement moral de la société.

II

La Ligue française n'a aucune couleur ni aucun caractère religieux ou politique. Elle souhaite le concours de tous ceux qui haïssent le mal et veulent le triomphe du bien. Elle se borne à réclamer de ses membres la foi à la Réalité de la Loi morale.

III

La Ligue s'interdit dans ses actes officiels de prendre parti pour l'une ou l'autre des doctrines particulières à ses adhérents. — D'autre part, il est bien entendu que, en dehors des réunions officielles, chaque membre conserve sa pleine liberté pour défendre les principes de la Ligue conformément à ses convictions personnelles.

IV

Considérant que si les institutions mauvaises sont la résultante des mœurs mauvaises, elles réagissent à leur tour sur la conscience individuelle pour l'égarer et la pervertir, la Ligue convie ses adhérents à une double lutte :

1o Elle entend provoquer un réveil de la conscience [publique en attaquant corps à corps les préjugés qui engourdissent]les âmes et obscurcissent les intelligences. — Elle mettra donc tout en œuvre pour dévoiler les conséquences déplorables qu'entraîne *dans le domaine de l'éducation et de la famille, dans la sphère politique et sociale, la doctrine homicide entre toutes de la nécessité du vice;*

2o Elle fera également une guerre directe et impitoyable aux institutions mauvaises qui offrent à chaque génération une leçon pratique de corruption systématique. — La Ligue adhère formellement, à cet égard, à la *Fédération Britannique, continentale et générale pour l'abolition de la prostitution spécialement envisagée comme institution légale et tolérée.*

Elle s'engage à participer à tous les efforts que tentera la Fédération pour mettre un terme à l'organisation officielle du vice.

Elle condamne ce système en vertu duquel l'immoralité est excusée chez l'homme, tandis qu'elle imprime à la femme une flétrissure indélébile. — Elle proteste énergiquement contre le fait que la femme soit mise hors la loi et condamnée arbitrairement par la police à demeurer esclave du vice pour satisfaire aux passions brutales des hommes.

V

La Ligue désire marcher d'accord avec la Fédération pour tout ce qui concerne l'abolition de la prostitution réglementée. — Par contre, dans les questions qui dépassent le programme spécial de la Fédération, la Ligue conserve son entière liberté d'action et ne relève que d'elle-même.

VI

La Ligue prélèvera chaque année une part de ses ressources en faveur de la Caisse centrale de la Fédération, afin d'être rattachée à celle-ci par un lien de solidarité pratique.

VII

La Ligue se compose de l'ensemble des adhérents qui acceptent les présents articles. — Les adhérents seront représentés par des

Comités régionaux élus par eux dans les diverses parties de la France. — Chaque Comité régional est souverain pour décider des questions d'intérêt local. — Les décisions qui affectent les intérêts généraux de la Ligue seront prises par un Comité central composé des délégués des Comités régionaux et élu pour deux ans.

VIII

Chaque membre de la Ligue s'engage à payer annuellement une cotisation minimum de 2 fr. 50 c.

Les adhésions doivent être adressées soit à l'un des Membres des divers Comités régionaux, soit à M. T. FALLOT, 17, rue des Petits-Hôtels, Paris, secrétaire général pour toute la France.

Typ. F. HARDY, 31, rue des Archives, Paris.

www.ingramcontent.com/pod-product-compliance
Lightning Source LLC
Chambersburg PA
CBHW051233030726
47595CB00003B/888